おいしさをつくる
8つの「成分」

理想の料理を作るための
調理科学の教科書

INGREDIENT
UNVEILING THE ESSENTIAL
ELEMENTS OF FOOD

アリ・ブザーリ
ALI BOUZARI

川崎寛也 ＝日本語版監修
廣幡晴菜 ＝訳

楽工社

本書を父に捧げる

日本語版監修者まえがき

　著者のアリ・ブザーリは、アメリカの有名な料理学校であるカリナリー・インスティテュート・オブ・アメリカ（Culinary Institute of America）で教鞭をとりつつ、料理開発の会社の科学者かつ共同設立者でもある。料理の科学を分かりやすく伝えることと、その応用を実践している点で、世界で著名な人物である。彼とは以前、シンポジウムでお会いしたが、自己紹介で「食品科学の知識を持ったシェフ」としていた。じつは私も「シェフの知識を持った食品科学者」と自己紹介をすることがある。少し違うのはどちらを主に考えているか、が違うからかもしれない。とはいえ、料理というものを科学的に理解したい、という共通点があると思っている。その共通点から、彼の考え方は手に取るようにわかり、翻訳の監修に役に立ったと思う。

　本書の原題は『*Ingredient*』といい、日本語では「成分」という訳になる。食品を構成する「成分」を1つずつとりあげ、丁寧に、何に含まれてどういう変化が料理によって起こるか、が説明されている。しかもできるだけ科学的な専門用語を使わないように、たとえやイラストを多用し、科学者ではない一般の読者や料理人に読んで欲しいというのがよくわかる。

　料理人は毎日暗闇の中を走っているようなものだ。料理とは、食材という自然と人間という自然の間にある行為であり、毎日状況が変化する中で、多くの人に「おいしい」と言わせないといけない。また家庭で料理をする人も、食材をよりおいしく料理するために日々試行錯誤していることだろう。自然のすべてを理解することなどできないが、本書が、料理における仮説を立て、おいしさをデザインすることに、少しでも役に立てば嬉しい。

2023年3月　川崎寛也

もくじ
CONTENTS

水 WATER

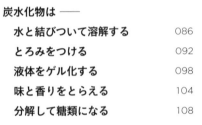

炭水化物 CARBOHYDRATES

糖類 SUGARS

脂質 LIPIDS

たんぱく質 PROTEINS

気体 GASES

ミネラル MINERALS

熱 HEAT

《凡例》
翻訳にあたり、日本で馴染みの薄い食材や料理名・商品名、その他補足事項については、
本文中は［ ］を、写真ページは＊を用いて補足した。

はじめに
INTRODUCTION

　20代のはじめ、カリナリー・インスティテュート・オブ・アメリカ［著名シェフを多く輩出しているアメリカの料理専門大学］で講師の職を得た。校舎にはおびえた生徒たちがたくさんいた。コンロの火をつけた経験すらない者もいた。それなのにこれから、一度に6つの別々の料理を作ることを覚えなければならないのだ。それも完璧に。ばらつきなく。彼らは迅速に学ぶ必要があった。

　同じ頃、私は自分の気に入ったシェフたちを追い回していた。世界最高峰のシェフ数人と、相談役の関係を築いた。トーマス・ケラー、ダニエル・ハム、コリー・リー、クリストファー・コストウといった人たちだ。彼らはおびえてはいなかった。この世にあるものは何でも調理できた。彼らは、これまで存在していなかったものを生み出し、まったく新しい料理を作りたいと思っていた。

　私はまた、友人たち、妹、母、祖母、それから飛行機で隣に座った知らない人たちとも、食べ物についての話をした。雑誌で読んだレシピやテレビで見たレシピ、友達から聞いたレシピについて質問された。あるいは、レシピの束縛から完全に自由になって、手先の技を使って冷蔵庫にあるもので料理をしたいと思っている人たちもいた。

　料理長から母まで誰もが、料理についての質問をしてきた。時には手の込んだことについての質問だった。「ごく薄くスライスしたジャガイモを球形の芯に巻きつけてダックファット［鴨脂。コンフィや風味づけに使われる］で揚げて、全体にたっぷりキャビアをまぶす場合、ジャガイモを粉々に砕けそうなくらいパリパリに保つには、どうすればよいでしょうか?」

　時には手の込んでいないことについての質問もあった。「私がスパゲッティを茹でるとくっついちゃうんだけど、なんででしょう?」

みんなが私にてんでばらばらな質問をしてきたが、私が返す答えは必ず同じことにかかわっていた。つまり、食材と「成分」との違いだ。

　ジャガイモ、チーズ、キャビア、ダックファット、パスタはすべて食材である。すべての食材は、どんな複雑なものであっても、もっと単純なもの、すなわち食べ物の基本構成要素である成分でできている。**成分には8種類ある。水、たんぱく質、炭水化物、ミネラル、気体、糖類、脂質、そして熱だ。** 最初の7つは私たちが食べるものの内側で回る歯車で、熱はそれらを動かすエネルギーである。**それぞれの成分には特徴があって、それぞれがすることとしないことのセットがある。** 私はこうした特徴を知っていた——この特徴から食べ物の仕組みの基本的なパターンがわかるので、私はそれをロゼッタストーン[謎を解く鍵]のように利用していた——そして料理に関するほかの人たちからの質問に答えた。本書を読めばこれらの特徴がわかるようになるし、自分で自分の疑問に答えられるようになるだろう。

　本書は暗記しなければならない方程式一覧ではないし、キッチンの科学に関する決定版の専門書として書かれたのでもない。料理の精密な物理学、化学、生物学に関しては、既に優れた本、論文、記事が数多く書かれている。本書はそうした本や論文や記事の挿絵入り雑誌バージョンだと思ってほしい。たとえやイラストや写真を使って、食べ物の仕組みの基本原則をお見せしている。本書を読めば、頭の中で声が聞こえて、幻が見えるようになるだろう……いい意味で。料理や食事をするときは、人間のものさしでものごとを経験している——視覚、嗅覚、味覚、触覚、そして聴覚で感じている。本書を読んだ後には、頭の中に生まれた声やイメージのおかげで、見えないものを心に思い描けるようになるだろう。食べ物の食感、味、香り、外観の裏にある、顕微鏡でしか見えないドラマを想像することができる。**まるで透視能力を手にして料理をするような体験になる。**

各成分のパターンを知れば、料理の問題の解決策には基本的な選択肢がいくつかあるだけだということがわかる。

　たとえばこうだ。ダンプリング［小麦粉の生地で肉や野菜を包んだ料理］やソーセージ、あるいはクッキーのレシピがうまくいかないとき（たとえば、ぼろぼろになってしまうとか）、材料をくっつける力が最も強い成分2つがたんぱく質と炭水化物であることが、あなたにはわかる。頭の中で、これらの成分が強く結びついて長いひも状になり、蜘蛛の巣状の網を形成して食べ物が形を保てるようにする様子が思い描ける。どこにその成分があるかもわかっている――いくつか例を挙げると、根菜、肉、果物、あるいは小麦粉などだ。これらの食材の内部にある長くて絡まりあった成分を取り出すためにはどう扱えばいいかもわかっている――根菜を果敢につぶしたり、肉を細かく挽いたり、果物の皮を長時間煮込んだり、あるいは小麦粉を適度にまぶしたり。どれも、同じ基本原則を、炭水化物やたんぱく質の特徴に合わせて変化させたやり方であり、あなたは自分の舌にいちばん合うものを選ぶことができるだろう。

　これらのパターンは失敗したときだけに当てはまるのではない。たとえば、おいしいものができたとき、何のおかげでおいしかったのか、どうやったらそれを再現できるか、あなたは知っている。ある料理を千回作っていて、千一回目はもっとおいしくしたいとき、こうすればいいとわかる。パリパリした食感は水分とほかの成分のバランスで決まるとわかっているので、ご自慢のピザの皮をさらにパリパリにしたければ、そこから探求を始められる。アレルギーや、好き嫌いや、ダイエットや、あるいはお店に行くのが面倒すぎるという理由でレシピにある食材をほかのもので代用したいときも、何を選べばいいか知っている。グルテンフリーの食生活を実践している友人が食事をしに来たときでも、ビーフシチューにとろみをつける小麦粉を、好きな炭水

化物とたんぱく質の組み合わせで置き換えていいことがわかる──オクラ
とピューレ状にしたパースニップから、すりつぶしたヘーゼルナッツと砕い
たトウモロコシのトルティーヤまで、何でもいい。あるレシピを友人や家族、
あるいは従業員に説明したいときも、彼らが理解できる言語をあなたは持っ
ていることになる。あなたがローストキャロットにバターを入れるのは、た
んぱく質と糖類できつね色になるようにするためであって、何にでもバター
を入れる人だからではないということを話せば、あなたの叔父だってロース
トキャロットをあなたよりうまく作れるかもしれない。今まで誰もやったこ
とがないクレイジーなアイデアを思いついても、目的を達するのに長い時間
をかけなくて済む。ティッシュのように薄く削れるメロンアイスクリームと
いうアイデアも、削ったアイスを炭水化物とたんぱく質がばらばらにならな
いように支える構造を作ること、脂質がメロンの香りを媒介すること、そし
て気泡を取り除くことで削れるくらい濃密なアイスクリームにできるという
ことを知っていれば、実現の可能性が増す。

**本書には学べることがたくさんあるが、事実や数字を山のように暗記する
のではなく、物語に出てくる8つのキャラクターを知るという形で提示され
ている。**それぞれの成分が主役になる8つの章があり、それぞれの性格の特
色がスポットライトを浴びて輝く。100パーセント平易な言葉ですべて書か
れているので、科学的な予備知識は必要ない。

それぞれの成分の特徴を生き生きと描写し、心に残るようにするために、
すべての比喩に美しいイラストをつけた。才能に溢れた創造的なアーティス
ト、ジェフ・デリエが描いてくれたものだ。ジェフが各章の成分の特徴に合
うように、水の章は水彩、脂質の章は油彩、といったように、異なる手段で
表現してくれた。また、各コンセプトのセクションを読み終わると、ご褒美
に2ページ見開きの写真がある。私の親友の一人で『ナショナル・ジオグラ

フィック』のエクスプローラーでもあり、私が知る中で最も視覚的に人を引きつけるストーリーテラーであるジェイソン・ジャークスの手によるものである。写真の中では食べ物が不思議な組み合わせでまとめられていて——たとえば、フライドポテトとパープルアーティチョークの隣にウニがおさまっている——それぞれのコンセプトの普遍性をわかりやすく伝え、これらのシンプルなパターンが私たちが料理し食べるものすべてを説明しうることを示している。

　本書は参考図書としても役立つが、食べ物のはたらきについての短期集中コース、全課程を凝縮したミニカリキュラムとして扱われるように作ったものである。本書をはじめから終わりまで読めば、今後一生、キッチンで出くわすパターンやつながり、疑問に対する解決策の視覚化に役に立つ、シャーロック・ホームズのような強大な力を手にすることになるだろう。

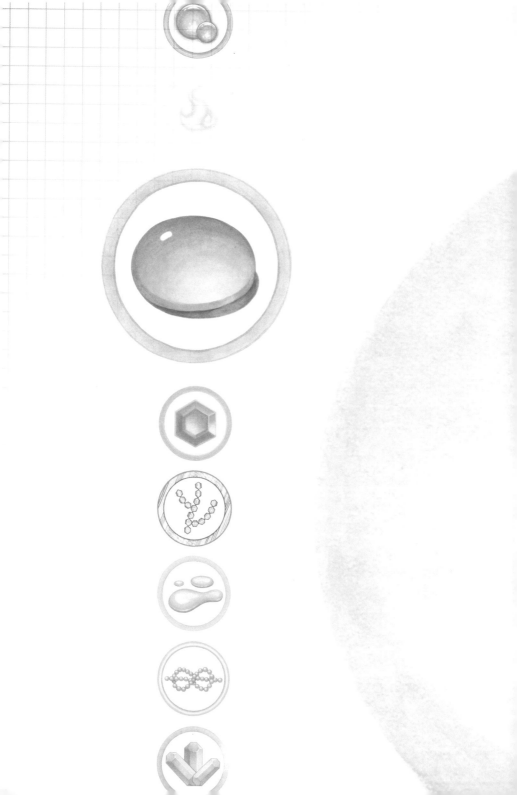

水　WATER

水は大切だ。なぜなら、ほかの成分が演じる劇場だからだ。水は、ほかの成分のはたらき方を変える。水は本書の大部分を理解するための鍵であり、ラッキーなことに、食べ物の内部では、たった5つのシンプルかつ普遍的なルールに従っている。

・**固体、液体**、あるいは**気体**である。
・ものを**溶かす**。
・**流れる**。
・**酸性、中性**、あるいは**塩基性**である。
・**微生物を増殖**させる。

水は固体、液体、あるいは気体である
SOLID, LIQUID, OR GAS

　水は固体から液体、そして気体へ変化する。これは特別なことではない——温度が適切なら、どんなものでもこの３つの状態に変わる。たとえば、固体の塩も溶けて蒸発することができるが、非常に高温の場合だけだ［塩の融点は約800℃、沸点は約1400℃］。水が特別なのは、塩よりも口内で快適と感じるのに近い温度でこれら３つの状態すべてを行き来できるからだ。固体から液体、そして気体へ、そしてまた元の状態へと移り変わる水をコントロールすることは、ホットポケッツ［アメリカの冷凍食品。チーズやハムなどが入ったパイ］を電子レンジで温めるときにも、スフレを焼くときにも、同じくらい重要だ。

液体

　食べ物は大部分が液状の水分である。ぐっと拡大して見ると、ほとんどの食べ物は小さな水滴の海のような見た目をしている。この海にはいろいろなもののかたまり、粒、ひも、泡が散らばっている。これらのかたまり、粒、ひも、泡は、糖類、脂質、炭水化物、ミネラル、気体、そしてたんぱく質といった、ほかの成分である。渦巻く水分の海はほかの成分が漂う場所になり、熱がそのためのエネルギーを与える。その運動が、調理において起こるほぼすべてのことのお膳立てをする。

　液状の水分は、液体や固体の食べ物の中で采配をふるう。牛乳、蜂蜜、ブロスと、ラズベリー、ニンジン、鶏手羽は同じ「水分ルール」に従う。完全に凍っているか、からからに乾燥しているのでない限り、固形の食べ物は固形に見えているだけだ。固形の食べ物は大部分が液状の水分だが、たんぱく質、脂質、炭水化物といった成分が、水分を小部屋の迷路の中に閉じ込める

汁気の多い食べ物とは、
水分がいっぱいに詰まっていて、かつ、
はじけんばかりになっている
小部屋がある食べ物だ。

壁を形成している。これらの壁が液状の水分をとどめておかなければ、一本
のセロリも定形がなく、ぐちゃぐちゃになってしまうだろう。
　ステーキ、リンゴ、あるいはフレッシュモッツァレラにかじりつくと、こ
の小さな水分の小部屋が破れて開き、汁気があふれ出す。汁気の多い食べ物
とは、水分がいっぱいに詰まっていて、かつ、はじけんばかりになっている
小部屋がある食べ物だ。ロー（生）のステーキや熟しきっていない桃は汁気
でいっぱいの小部屋があるが、その周囲の壁が頑丈すぎて中身を手放さない。
調理や成熟を経ることでこの壁が弱くなり、ほんの少し圧力を加えただけで
も爆発して、ミディアムレアのステーキや、完熟の桃からおいしい汁気がほ
とばしり出る。ステーキが焼きすぎだったり、桃が長いこと棚に置きっぱな
しにされたままだったりすると、小部屋が干からびてしまい、どれだけ噛ん
でも汁気はまったく出てこない。

氷（固体）

　液状の水分が凍ると、ランダムに流れていた小さな水滴の海が、硬くて動
かない氷山に変化する。この変化は要するに構造の変化である。まず、いく
つかの水分子が、アンカーポイントの周りに集まる。一片の埃、ひとつの泡、
あるいはガラスのコップの側面にある傷のような、しがみつくことができる
何らかの不純物だ。このアンカーポイントの周りに、水分子が小さな氷の結
晶を作る。**時間とともに、もっとたくさんの水分子がこの結晶へ群がってき
て、外側へ成長し、あっという間にきちんとした完璧な幾何学的配列になっ
ていく。**
　水分が凍ると、食べ物の硬さが増す。この硬さを利用して、ぐにゃっとし

巨大なひとつの氷のブロックではなく、
濃縮されたシロップが
小さな水の結晶を取り囲んだものが
何千個もできることになる。

た食べ物やとろとろした食べ物、あるいはつぶれやすい食べ物を、形を保ったまま好きなように薄く切ったり、すりつぶしたり、形を整えたりできる。凍らせることで肉をつぶしてしまわずにスライスして紙のように薄いカルパッチョにしたり、凍らせた果汁のかたまりから雪のようなグラニータをどろどろにせずに削りとったり、革のように硬いチポトレ・チリを、かたまりを残さずに粉状にしたり、崩れやすいケーキもぼろぼろにせずに完璧にきれいに切り分けたり、凍らせたスープを包んで破れやすい小籠包（しょうろんぽう）を作ってもあちこちにこぼれ出さないようにしたりできる。

　冷凍したフィッシュスティックや厚切りマンゴーなどは硬い氷のブロックのように感じられるかもしれないが、冷凍した食べ物というのはどれも実際には氷の結晶と液状の水分との混合物である。キッチンにあるもので、ひとつの大きな氷の結晶のかたまりになれるのは純水だけだ（このことに冷凍庫の頑丈さは関係ない）。**凍るには水分が縦横に完璧な列に並ばなければならないが、ほかの成分が周囲に散らばっていると、並ぶのは難しい**。私たちが食べるものにはどれも、水分が純粋な結晶を形成する邪魔をする糖類やたんぱく質、炭水化物、脂質、気体、ミネラルがあふれている。だから巨大なひとつの氷のブロックではなく、濃縮されたシロップが小さな水の結晶を取り囲んだものが何千個もできることになる。このシロップには、ほかの7つの成分に絡め（から）とられて結晶になるための旅路に出られなかった水分が含まれている。これはあらゆる食べ物で自然に起こっていることだが、私たちはアイスクリームやシャーベットやフローズンマルガリータには、水以外の成分を追加することで効果を増幅させ、ざらざら、どろどろしたものからなめらかでクリーミーなものまで、食感の幅を持たせている。

　液体の形状では、水分子は自由に動けるので、ごった返したダンスフロアにいる人たちのようにぐちゃぐちゃになれる。**氷の結晶の中では、分子が縦**

横にきっちりとした間隔で並んでいるので、ひとつひとつの分子が隣とは少し距離を保っている。これが水を凍らせると体積が大きくなる理由であり、ダメージを引き起こす可能性がある。ビールを冷凍庫に放置しすぎたことのある人なら、水分が狭い空間で膨張するとどうなるかわかるはずだ。では、あらゆる食べ物の内部で何千個もの結晶が成長している様子を想像してみよう。膨張する結晶はタイタニック号の船体を突き破る氷山のようなはたらきをし、食べ物を内側から引き裂き、ずたずたにする。この食べ物が溶けると、結晶が収縮し、水分を含む小部屋に穴が開き、汁気が放出される。こうなると海老は水分が抜けてしまってぱさぱさしておいしくなくなるし、ブルーベリーの場合は果汁がたくさん出るのでおいしくなる。

　凍った水分と凍っていない水分のバランスで、冷凍食品の食感と品質が決まる。熱もそれをコントロールする方法のひとつである（熱の章を参照）。熱を加えることで、水分子はますます落ち着きなく動き回るエネルギーを得るし、氷として結びつくほど長い時間じっとしていることができなくなる。氷が溶けるとき、入念に組み上げられた結晶の列から分子がにじみ出て液体としての生命を取り戻し、結晶は縮小する。

　熱を除去すればもちろん食べ物が凍るが、熱を除去するスピードと、取り出す熱の総量によって、食べ物の食感と保存期間に大きな違いが生まれる。温度を急速に下げれば、氷の結晶が成長する時間が減り、エネルギー不足で何もかもが減速し（熱の章を参照）、比較的小さな結晶が、細胞の隙間にゆったりとおさまることができる。この小さな結晶はあまり突き刺したり破壊したりしないので、トリュフやロブスター、刺身にするマグロなどの高級品の多くは、品質を保つために急速冷凍されている。だがこれはいつまでも使える解決策ではない。**小さい氷の結晶でも、凍っていない液状の水分子が数日から数週間かけて冷凍庫の中で移動してきて結晶にくっつくことで、ゆっく**

りと成長を続けるからだ。貯蔵中に氷の結晶が成長しないようにするために
は、すべてがまったく動かなくなるまで熱を取り除く必要がある。**食べ物が
十分に冷えると、氷の結晶のあいだに閉じ込められた濃いシロップが、結晶
化せずに凝固する。**この「ガラス状の」状態に固定された食べ物（「水は流れ
る」のセクションも参照）は、これ以上ないほど深くまで徹底的に凍っている
——こうなったらほとんど変化することなく、半永久的にこのまま保つこと
ができる。食べ物を（ほとんどの食べ物がガラス状態になる）マイナス40℃の
領域やそれ以下まで冷やす冷凍機器は高価だが、車ほどの値段で買ったマグ
ロのトロを保存するのに使えば、もとが取れるかもしれない。

蒸気（気体）

　蒸気の状態では、すべてが分散しているので、大部分の水分子は互いに触
れあうこともない。**液状の水分が混雑したダンスフロアだとすれば、蒸気は
外宇宙である。**私たちが実際に口にする蒸気の量は微々たるものだが——食
べ物を口に入れる前に逃げてしまうのが普通だからだ——蒸気はクロワッ
サンからポークラインズ［豚の皮を揚げたスナック菓子。236ページ参照］まで、
すべてにおいて鍵となる役割を果たしている。

　液状の水分が蒸気に変わるとき、分子が飛び立って、空中のばらばらな方
向に発射される。分子は拡散して、液状の水分の千倍以上の空間を占める。空
気に運ばれる水分子は、出くわすものすべてにぶつかり、逃げる際に外へ向
けて勢いよく動く。**水分子がひとつふたつ飛んでいるだけなら人間のものさ
しでは何の影響もないが、何百万個もの水分子が一緒に蒸発すると、小さな
火山並みの力を生む。**ポップコーンの粒の皮や、焼いた野菜の皮、パン粉を
まぶして揚げた骨付き鶏もも肉の皮、スフレは、表面にそれほどの圧力がか

標準状態では、水分があるために、
食べ物が到達できる温度に上限ができる。

かり、はじけたり、裂けたり、ふくれたり、膨張したりする。水分はこうし
た爆発的な変化を引き起こさせる燃料であり、求める食感を得るためにはバ
ランスが鍵となる。**水分の足りない食べ物には爆発するために必要な力がな
いし、水分の多すぎる食べ物は調理後もべちゃっとしたままだ。**オーブンで
焼いた食べ物でも、揚げた食べ物でも、焼き網で焼いた食べ物でも、レシピ
で水分を調整することで、軽くてサクサクした口当たりと、ずっしりとした
噛みごたえの差が生まれる。

　水分を軌道上に打ち上げるにはエネルギーがたくさん必要になり、飛んで
いく水分子は食べ物から離れる際に熱を一緒に連れていく。この脱走する分
子のおかげで、食べ物の温度は水の沸点より高くならない。標準状態では、水
分があるために、食べ物が到達できる温度に上限ができる。水分を取り除く
と、温度が遮られることなく上昇できるので、食べ物がすぐにきつね色にな
る。パンやきのこから、フライドポテトやステーキまでどんなものでも、表
面が乾いたときが一番きつね色になるのが速い。ホタテ貝を焼く前にタオル
で軽く押さえて水分を取る方法は表面を手早く乾かすコツとしてシェフたち
に広く使われており、こうすることでフライパンの中でホタテ貝を焼きすぎ
ることなく最速できつね色にできる。

　食べ物の表面の水分を取り除く以外で、温度を沸点以上に上げる唯一の方
法は、圧力を用いることである。圧力鍋は水分子が宇宙へ飛び出そうとする
のをつかまえる。水分は外に出られないのでその場にとどまり、食べ物の温
度を内部までも沸点以上に引き上げる。このため、圧力鍋は私たちがこれま
でに発明した調理方法の中でも最速のもののひとつである。

水は固体、液体、あるいは気体である

水分子は氷の中ではきっちりした格子を形成し、液体の中ではせわしなく動き回り、蒸気の状態では空中をビュンビュン飛び回る。

クロワッサン

レタス

冷凍サーモン

ポップコーン

水分は蒸気として膨張し、ふく
れさせたり発酵させたりする。

ステーキ

かじると、液体の水分が
放出されて汁気が出る。

アイスキャンディー

固体の水分の結晶が
ものを硬くする。

水はものを溶かす
DISSOLVING

　コップの水に砂糖を入れてかき混ぜると、結晶が消えてなくなる。この過程［溶解］は、砂糖が忘却の彼方へ穏やかに去っていくかのように平穏なものに見える。しかし実際は違う。水が結晶のひとつひとつに素早い群衆のように押しかけて引き裂くのだ。**砂糖分子の１つずつが結晶から引きはがされ、水分子の一群に連れ去られる。**水はほとんどすべての成分に対してこのようなはたらきができる——ソースで煮ている果物や野菜から炭水化物を引き出し、蒸し煮にした肉のたんぱく質を分解し、茶葉から糖類とミネラルを抽出し、炭酸飲料に気体を閉じ込める。しかし脂質は、一般に水を嫌うという事実によって定義される。［脂質は逆に］水分を逃がすことで、食品に風味をつけたり、保存したり、食感を変えたりできる。

　溶解は両方向に作用する関係である——水が成分をつかまえて、成分のほうは水の関心を一身に集めている。水と成分の双方がまとまって一緒になって繭の中に閉じ込められている。これは伝統的なペアダンスではない。それぞれの成分の分子が水を完全な取り巻きにできる。何千個もの水分子が１つの成分にくっつくのだ。これはつまり、ある時点ですべての水分子に相手ができて、水が飽和するということである。

　飽和状態の砂糖のシロップの中では、水や熱を加えない限りそれ以上砂糖が溶けない。**熱を加えると水分子がさらに速くビュンビュン飛び回ることができるので、水分子はより広い範囲をカバーできるようになる**（熱の章を参照）。新たに機敏に動けるようになったために、湯の中の水分子はつかまえた相手の周りをぐるぐる走り回れる。それぞれの成分を引き止めておくのに必要な水分子の数が減るので、同じ量の水の中によりたくさん溶かすことができる。キッチンで熱を利用すると、少量の水の中にたくさんの成分を詰め込み、濃縮シロップやソース、ストック、塩水、エキス、それからコーヒーや

溶解は両方向に作用する関係である
──水が成分をつかまえて、
成分のほうは水の関心を一身に集めている。

茶のような飲み物が作れる。

このルールの例外は気体である。温度が上がると、それにつれて気体は水分子よりもさらに敏捷になり、水分子の群衆からすり抜けて空気中に逃げる。ソーダやビール、シャンパンをできるだけ冷やしておく理由がこれだ。そうすると気体が溶けたままで、しゅわしゅわ感が長持ちするからだ。

風味豊かな食べ物をひとかけ水に浸すと、その食べ物の中に閉じ込められている様々な成分の混合物を引き出していることになる。食べ物から出てくる成分の正確な割合は、それぞれの成分がその温度で水にどれだけよく溶けるかによるので、使う材料が同じでも、熱量を変えることで、味、香り、色、食感の組み合わせを変えることができる。私たちのほとんどはコールドブリュー［低温抽出］コーヒーとホットブリュー［湯で淹れた］コーヒーのフレーバープロファイル［味や香りの分析表］の違いをよく知っているし、同じ手法を、水においしいものを溶かす過程であれば何にでも応用できる（これは脂質の中に水を嫌うものを溶かすことにも当てはまる──脂質の章を参照）。氷点から沸点までにわたる様々な温度で、茶葉を浸したり、ワインを温めたり、ストックを作ったりして、中心となる風味のテーマについて、無数のバリエーションを生み出すことができる。

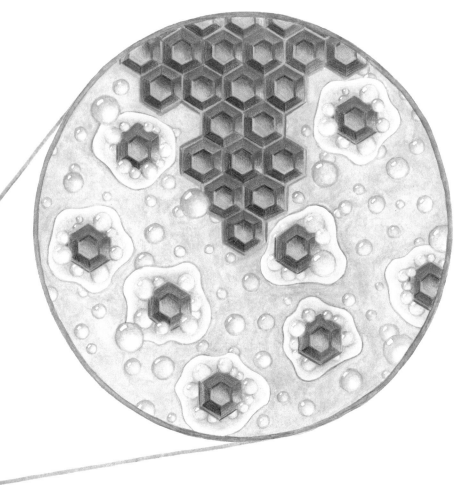

水はものを溶かす

水はほかの成分の分子ひとつひとつに群がることで、
その成分を溶かす。溶けてしまえば、水と溶けこんだ
成分が互いに結びつく。

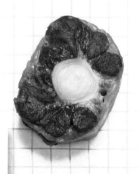

オックステール

水がたんぱく質とミネラルを溶かし、
とろみと塩気のある
見事なストックになる。

レモン

水が糖類と酸を溶かし、
甘く酸っぱいレモネードになる。

抹茶パウダー

水が炭水化物とたんぱく質の
かけらを溶かし、
よい香りの泡立つ抹茶になる。

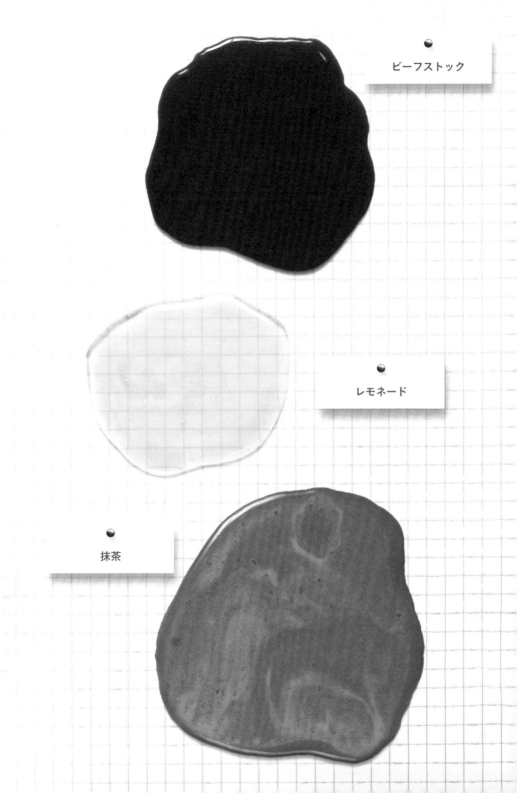

ビーフストック

レモネード

抹茶

水は流れる
FLOW

　液体を振ったり、ぐるぐるかき回したり、注いだりすると、その液体中の成分が転げまわる。小さな成分はあちこち転がりやすいので、希薄な液体になる。大きな成分はどたばた動いたりつまずいたりするので、液体は濃くなる。**水はほかの成分と比べると小さくてすばしこいので、純水はキッチンで最も薄い液体のひとつである。**水にほかの成分を加えることで通り道にハードルや柵ができる。純水と比べると、フムス［中東料理。ひよこ豆に練りゴマやオリーブオイルなどを加えたペースト］は障害物設置コースである。

　どんな成分であれ、水の邪魔をする障害物になるものは液体を濃厚にする。液体中に障害物を均等にばらまくことでさらに濃厚にできる。たんぱく質が均等に分散しているエッグソースのほうが、火の通しすぎでだまになったものよりも濃厚になる。よく泡立てたクリーミーなヴィネグレットソースは、脂質が分離してオイルがなめらかになると、より希薄になる。レモンを長時間ことこと煮て炭水化物が果実から出てくると濃厚なレモンマーマレードになる。エスプレッソに乗った泡は、気泡が小さければ濃厚になるし、砂糖のシロップは砂糖がすべて溶けているときが最も濃厚である。塩のようなミネラルでも液体は濃厚になるが、はっきりそうとわかるようにするためには、とんでもない量の塩が必要になる。

　キッチンで最も希薄な液体のひとつが純水だとするなら、その反対側では何が起きているのだろうか。水とほかの成分のバランスが変化するにつれて（あるいは、熱を取り除いていくにつれて──「水は固体、液体、あるいは気体である」のセクションを参照）、食べ物はどんどん濃厚になっていき、最後には何もかもが停止する。**分子がぎゅうぎゅう詰めになって、水分子を含めて何も身動きができない。**この種の物質はガラス状態と呼ばれる。そう呼ばれるのはガラスのようなふるまいをするからだ──硬くて、もろく砕けやすい。ポテ

どんな成分であれ、
水の邪魔をする障害物になるものは
液体を濃厚にする。

トチップス、フリーズドライのフルーツ、バクラヴァ［中東のパイ菓子。96
ページ参照］、飴、北京ダック、パン皮、フライドエシャロット——これらは
どれもガラス状態の食べ物であり、パリパリしているので好まれる。パリパ
リした食べ物にかじりつくと、分子は歯からすり抜けることができないので
限界まで抵抗する。限界に達すると構造全体がもちこたえられなくなり、パ
リパリが破裂して食べ物が粉々に砕ける。**水分はパリパリの敵である——水
分があるとほかの成分がすり抜けて動くことができてしまうので、食べ物は
砕けるのではなく、しなる。**鶏手羽に小麦粉を振りかけたり、ステーキの表
面を焼いたり、ワッフルをグリドルで焼いたり、ピザを焼いたり、ジャガイ
モを揚げたり、砂糖のシロップを煮詰めたりするのは、水分を飛ばす、ある
いはほかの成分を加える作業だ。食材をパリパリにする調理テクニックはす
べて、このバランスを操り、水分をより少なく、ほかの成分をより多くする
ことを意図している。水分を食べ物に戻すのはその反対方向に向かう動きな
ので、パリパリな食べ物を湿気の多いところに置きっぱなしにすると、ぐ
にゃぐにゃになってしまう。

水は流れる

水分の邪魔をする成分があると液体が濃厚になる。
水分の邪魔をするものが十分入っていると、動きが
完全に止まり、ガラス状態になる。

純水

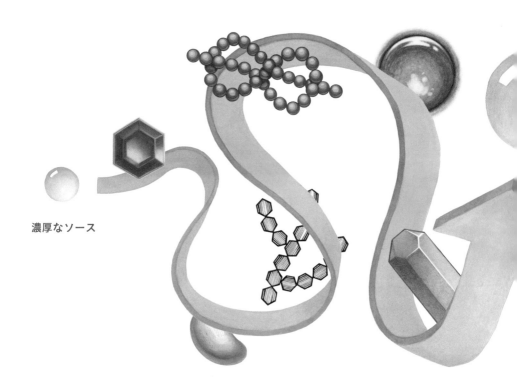

濃厚なソース

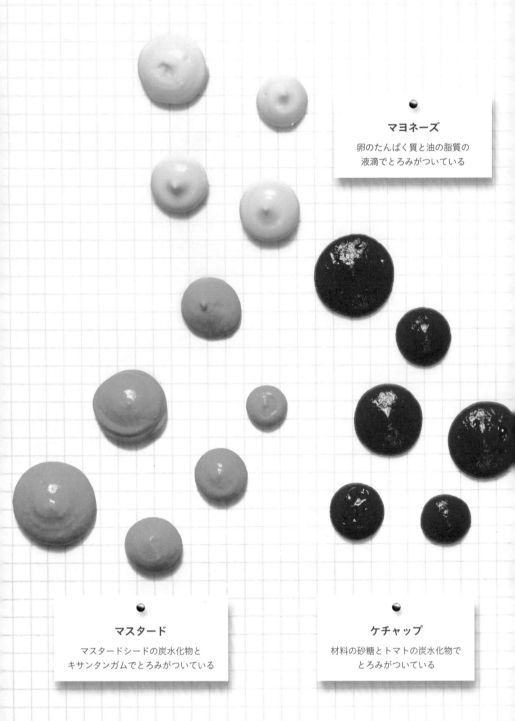

マヨネーズ

卵のたんぱく質と油の脂質の
液滴でとろみがついている

マスタード

マスタードシードの炭水化物と
キサンタンガムでとろみがついている

ケチャップ

材料の砂糖とトマトの炭水化物で
とろみがついている

ベーコン

たんぱく質でできた
パリパリのガラス状態

糖衣をかぶせたチョコレート

砂糖でできた
パリパリのガラス状態

ポテトチップス

炭水化物でできた
パリパリのガラス状態

水は酸＋塩基である
ACIDS + BASES

　水分子は、酸と塩基という２つの部分からできている。食べ物は水分子を無数に含んでいるため、これら２つの部分をかなりの数含んでいることになる。純水は、それぞれが同量入っていて互いを相殺するため、完璧に中性になる。ほとんどの食べ物は、酸性と塩基性の部分のバランスがどちらかに偏っている。酸性の部分が多ければ酸性の食べ物になるし、塩基性の部分が多ければ、塩基性、つまりアルカリ性の食べ物になる。酸性と塩基性の部分のバランスはpHスケールという０から14までの値の幅の中で測定する。中性の水はこのスケール上では７である。７より下がると酸性になっていき、７から上がっていくと塩基性すなわちアルカリ性になっていく。食べ物に加えるとpHを下げるものはすべて酸であり、pHを上げるものはすべて塩基である。

　pHスケール上のどこに位置するかで食べ物の味は違う。酸は酸っぱい味がするし、塩基は石鹸のような味や、少々苦い味がする。酸はどの種類でもそれぞれ独自の特徴的なニュアンスがあるが、バターのクリーミーな乳酸、酢に入っているさわやかな酢酸、サクランボのフルーティーなリンゴ酸は、どれも酸味がある点が共通している。塩基の風味を説明するのはこれよりもむずかしい。pHが７よりも高い食べ物を私たちはほとんど食べないからだ——古くなった卵白や一部のダッチココアパウダー［アルカリ処理を施したココアパウダー］などが例外である。高pH食品のぬるぬるして苦い味は、自然に存在する毒の多くと同じように感じられるので、こういう味に出会うと普通はパニックになってしまい、その風味豊かなニュアンスをゆっくり味わうことにはならない。

　酸と塩基はほかの成分の構造に影響を与える。**pHが高くても低くても、ほかの成分の構造は変化する。**pHを極端に変化させると、たんぱく質がくっつ

**水分子は、酸と塩基という
2つの部分からできている。**

いて、蜘蛛の巣状の網を形成し、アルカリ性のラーメンの麺やピータン、酸
性のクレームフレーシュ［生クリームを乳酸発酵させた濃厚で酸味のあるクリー
ム］やセビーチェ［ペルー料理。魚介のマリネ］が固くなる。酸や塩基は炭水
化物を分解させることができるので、酢（酸）と重曹（塩基）が、酢タマネギ
から湯がいたブロッコリーまで、あらゆるものの食感に劇的な影響を与える
ことになる。また、糖がメイラード褐変反応のあいだにたんぱく質と融合し
て反応する際にも影響がある──高pHで糖類がよりもろく、反応しやすく
なるため、伝統的にプレッツェル生地は焼く前にアルカリ性の溶液に浸すこ
とで、プレッツェル独特の焦げ茶色を出している。この高pHで茶色を出す技
はプレッツェル以外にも使える──根菜、ベーコン、チーズ、その他糖類と
たんぱく質を含むものは何でも、アルカリ度を高くすると褐色に変わるのが
速くなる。脂質はpHのちょっとした変化によって劣化していやなにおいを放
つようになり、pHが急激に変化すると脂質は石鹸になる。pHを変えるとミ
ネラルの溶解に影響が出るが、それが赤身の肉や青物野菜でミネラルが出す
色に影響することがある。また、特定の酸と塩基が互いを中和し合うと気体
が発生する。重曹や酢などがマフィンから科学展の模擬火山実験までいろい
ろなものをふくらませるのに使われているのは、このためである。

水は酸＋塩基である

純水は2つの部分からできている。ひとつは酸で、
もうひとつは塩基である

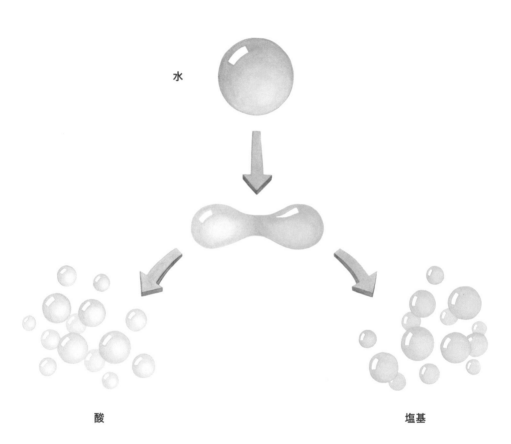

水

酸

塩基

牛乳

サワークリーム

この2つの部分のバランスが偏ると、酸性の食べ物
や塩基性の食べ物になり、それによってほかの成分
に影響して、味、食感、香り、色を変化させる。

紫キャベツ

中性——酸性の水で調理すると
赤くなり、アルカリ性の水で
調理すると青くなる。

イチゴ

酸性——ほとんどの果物は
酸性である。

ラーメンの麺

アルカリ性——高pHでグルテン
というたんぱく質に粘りけを出し、
熱々の汁の中でもコシを
残せるようにしている。

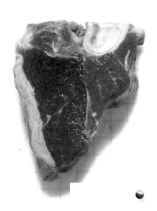

子羊のロインチョップ

弱酸性——肉は熟成の過程で
酸性になる。

ブルーベリースコーン

中性——酸＋アルカリ反応で
ふくらむ。アルカリ（重曹）を
加えすぎるとブルーベリーが
緑色になる。

ライム

強酸性——柑橘類の果実は
ほとんど強酸性である。

クレームフレーシュ

酸性——酸で牛乳の
たんぱく質が凝固し、
クリームが濃厚になる。

プレッツェル

アルカリ性——高pHで
速く茶色になる。

卵

アルカリ性——しかも、
時間の経過とともに
さらにアルカリ度が
高くなっていく。

水は微生物を増殖させる
GROWTH

　微生物、細菌、酵母、カビ、その他小さすぎて見えない生き物が、いつでも、あらゆるものに、あらゆるところにいる。考えるだに恐ろしいことである。だが幸運なことに、微生物は生きるために水分を必要とする——そして私たちには、微生物から水分を取り上げる手段はたくさんある。熱で微生物を殺すやり方を除けば（熱の章を参照）、食品の保存は水分が肝心である。

　私たちの毛むくじゃらの祖先は、食べ物をだめにしないためには乾燥させるのがよいということを知った。説明は簡単である。乾燥させた食べ物には水分が少ないからよいのだ。水分を取り除けば、乾ききった微生物は増殖する能力を失う。十分乾燥させたもの——桃、ジャーキー、きのこ、海老、ローズマリー、レンズ豆など——の表面についている微生物は、干上がってひびの入った土の上に垂れ下がる枯れた花のような見た目をしている。

　食べ物を微生物から守る方法は水分の除去だけではない。冷凍と乾燥も——冷凍では食べ物の中に水分が残るにもかかわらず——微生物に対しては同じような効果がある。微生物は食べ物内部の液状の水分をずるずる吸い上げて表面で増殖する。冷凍豆やアイスキャンディーでは水分がしっかりした格子に閉じ込められていて動かないため、微生物は飲むこともできず、したがってこういった食べ物の表面では増殖することができない。

　砂糖漬けや塩漬けにした食べ物の水分は、まだ液状ではあるが、溶け込んだ糖類やミネラルに群がるのに忙しく、微生物には注意を払わない。水分をミネラルや糖類と結合させることで砂糖煮は保存できるし、船乗りは塩漬けの魚やケイパーを発明したし、クレオパトラが朝食にかけたのと同じ蜂蜜を私たちも安全に食べることができるし、砂糖漬けのオレンジピールもけば立った派手な色のカビがはびこったりしない。

　やっつけられないなら、毒を与えてしまえばいい。微生物は中性の水を好

微生物は生きるために水分を必要とする
——そして私たちには微生物から水分を
取り上げる手段はたくさんある。

むので、pHを変える——食べ物を酸性あるいはアルカリ性にする——こと
で、微生物が動いたり食べたり繁殖したりするのに必要なたんぱく質を取り
除くことができる。また、pHを極端に変化させれば、微生物の作動部を
ショートさせて殺すことができる。pHがあまりに高いとひどい味になること
が多いので、普通はpHの低い方へ向かうことにして酸を加える。この酸の供
給源になるものは2種類ある。果実の果汁や酢のような酸性の食材か、発酵
の際に採用する、酸を作り出す有益な微生物の2つだ。こうした化学闘争戦
略をとることで、酸性のピクルスやヨーグルト、キムチ、セビーチェ、シャ
ルキュトリ［主に豚肉を用いた加工食品］は、類似の中性の食品に比べてずっ
と長持ちするのである。

微生物

生のリンゴ   冷凍

水は微生物を増殖させる

微生物は増殖に水分を必要とするが、生の食べ物の
ほとんどには水分がたっぷりある。冷凍、砂糖漬け
あるいは塩漬け、乾燥、そしてpHを変えることで、
微生物の増殖を妨げ、食品を保存できる。

砂糖漬け

干したもの

ピクルス
（酢漬け）

乾燥パスタ

乾燥オレガノ

水分はほとんど残っていない

ストロベリージャム

デーツ

水分は豊富だが、
たくさん砂糖が入っているため
相手がいる状態である

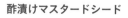

酢漬けマスタードシード

酢漬け唐辛子

水分が酸性なので
微生物は耐えられない

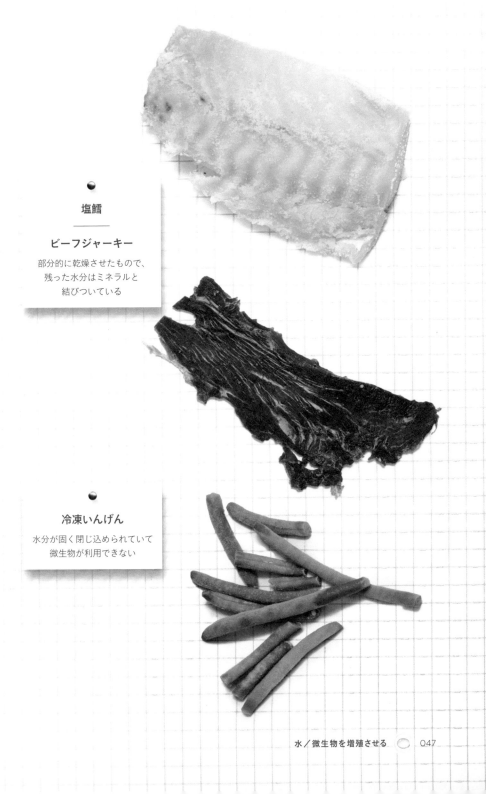

塩鱈
———
ビーフジャーキー
部分的に乾燥させたもので、
残った水分はミネラルと
結びついている

冷凍いんげん
水分が固く閉じ込められていて
微生物が利用できない

糖類 SUGARS

糖類は厳密には炭水化物の一種だが（炭水化物の章を参照）、糖類も料理に重要であり、ほかの炭水化物とはまったく違うふるまいをするので、独立した成分として1章を設ける。「糖」といえば、多くの人はアイスクリームや蜂蜜、キャンディー、焼き菓子、果物を思い浮かべる。こういう連想は糖の最も有名な属性、すなわち甘さからくるものだ。糖類は単に甘い味がするだけではない──おいしいシナモンロールやメープルシロップにも糖類は重要だが、おいしいフライドチキンやザワークラウトにも同じくらい重要である。糖類のキッチンでのはたらきは、甘さを含めて全部で6つある。

- **甘さ**がある。
- 食べ物を**褐色にする**。
- **結晶化**する。
- 水と結びついて**溶解**する。
- 液体に**とろみをつける**。
- **発酵**のもとになる。

糖類には甘さがある
SWEETNESS

　食品中に見られる糖類にはたくさんの種類があり、そのうちいくつかはほかよりも豊富に含まれる。ブドウ糖（グルコース）、果糖（フルクトース）、ショ糖（スクロース）、麦芽糖（マルトース）、乳糖（ラクトース）である。どれも甘いが、甘さのレベルがそれぞれ異なる。これらの糖類を甘くないものから順に並べると次のようになる。

乳糖 ＜ 麦芽糖 ＜ ブドウ糖 ＜ ショ糖 ＜ 果糖

　甘さの違いは、それぞれの糖類と私たちの味蕾とのふれあい方の違いによるものだ。味蕾は舌の上で小さい手のようなはたらきをする。味蕾は触覚を通して世界を体験する——糖類をつかみ、その形を感じ取り、脳にメッセージを伝達する。このメッセージに含まれる甘さは、部分的にはそれぞれの糖類の形の違いによって決まる。果糖やショ糖のような糖類はほかの糖類よりも大きい声で脳にメッセージを送る。

　ここから、素晴らしい可能性が開かれる。甘さは求めていないが、糖類が食べ物にもたらすほかの5つの効果は利用したい、というときには、麦芽糖のような糖類を使えばよい。砂糖の量は最小限で甘さは最大限にしたいなら、果糖を使えば、入れた量に見合う以上の甘さを引き出すことができる。本当かどうかソーダ製造各社に聞いてみるといい。

イチゴ　　　　　アイスクリーム　　　　蜂蜜

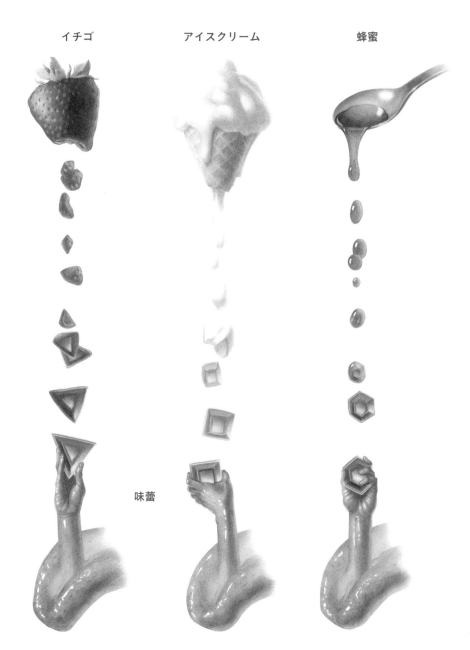

味蕾

糖類には甘さがある　私たちの味蕾は食べ物の中の糖類をつかまえて、糖
　　　　　　　　　　　　類の種類ごとに異なる甘さの情報を脳に中継する。

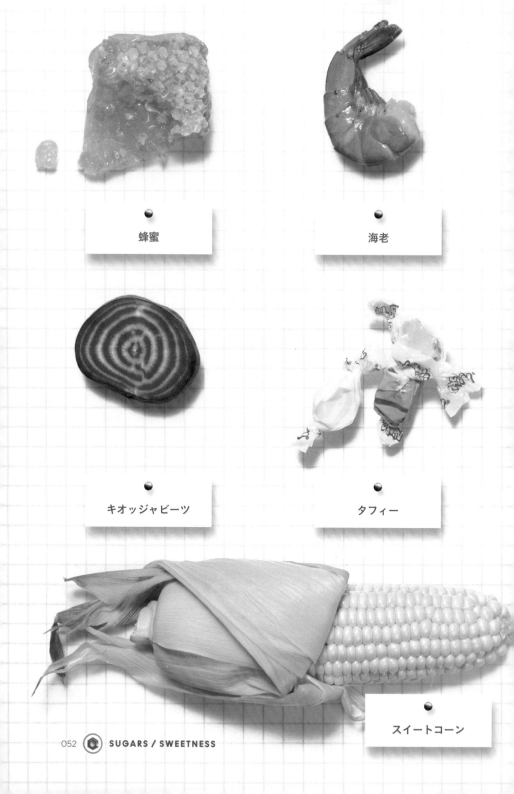

蜂蜜

海老

キオッジャ ビーツ

タフィー

スイートコーン

マスカルポーネ

スイカ

ベリーのケーキ

どれも甘い!

糖類は食べ物を褐色にする
BROWNING

　茶色く色づいた食べ物はおいしい。だから私たちはバーベキューやクレームブリュレ、コーヒー、焼きタマネギ、スモア［焼きマシュマロとチョコレートをグラハムクラッカーではさんだデザート。167ページ参照］が好きなのだ——どれも、糖類なしではできない食べ物だ。褐色化するのは糖類が熱されてエネルギーで震え始めるときだ。震えの大きさが一定に達すると、糖類が爆発する。糖類の微細な爆弾の破片それぞれがまた爆発し、その破片が互いに衝突し始め、新しい混合物を形成する。反応がこうしてさざ波のように連続して起こり、甘く無色無臭の糖類を、非常に深みがあり、非常に複雑な、味と色と香りの混じりあったものに変化させる。**褐色化は糖類の超新星だ**。

　料理の際に起こる褐色化には、カラメル化とメイラード褐変反応の2種類がある。どちらも糖類が爆発して深みのある風味を生み出す反応だが、それぞれ反応が始まるのに必要な条件が若干異なる。カラメル化はまじりけのない糖類を使うと起こるが、メイラード褐変反応には糖類に加えてたんぱく質が必要である。ほぼすべての食べ物が少なくともわずかな量のたんぱく質を含んでいるため、本当のカラメル化は、まじりけのない砂糖を熱してカラメルを作るときを除けばほとんど起こらない。そのカラメルをタフィーにしようとバターを加えた瞬間、バターのようなありふれたものでも、その中の乳たんぱく質が、わずかに異なる一連の爆発の引き金を引く。それがメイラード褐変反応である。

　メイラード褐変反応のあいだ、たんぱく質（および、たんぱく質の鎖を構成する粒であるアミノ酸——たんぱく質の章を参照）は、ライター用の揮発油のようなはたらきをし、糖類を点火しやすくし、自分自身の爆発的な風味をも混合物に加える。たんぱく質でさらに勢いづくので、カラメル化に要するよりも少ない熱でメイラード褐変反応を起こすことができる。しかし、昔ながら

カラメル化はまじりけのない
糖類を使うと起こるが、
メイラード褐変反応には糖類に加えて
たんぱく質が必要である。

の菓子職人の知恵とは反対に、どちらのやり方で焼き色をつけるにしても、特定の開始温度というものはない。**本書のすべてのプロセスと同様に、褐変反応は時間と温度の組み合わせによって変わるからだ**（熱の章を参照）。私たちは褐色化を、焼く、炒める、その他高温を用いるテクニックと結びつけて考えるが、そういう温度が求められるのは急速に褐色化させるときだけだ。褐変反応はもっと低い温度でもゆっくりと進むことがある。低温での褐変反応はゆっくりすぎてディナーの支度には役に立たないだろうが、時間をかけて深みのある味を出すには有効なやり方である。日干しにしたトマトやレーズン、イチジクは数日かけて褐色化する。バルサミコ酢、味噌、魚醤（ぎょしょう）は貯蔵庫の涼しい温度で数か月かけて褐色化する。私たちの体の中にある糖類の中にも今まさに褐色化している最中のものがあるが、とても遅いペースなので私たちがそれに気づくことはない。

　2種類の褐変反応のあいだにあるもうひとつ重要な違いは、カラメル化はどの糖類でも起こるが、メイラード褐変反応はショ糖ではうまくいかないということだ。ショ糖［ブドウ糖と果糖が結合したもの］は構造上たんぱく質とうまく結びつくことができないため、ブドウ糖と果糖に分解されてからでなければ、たんぱく質の導火線に火をつけることができない。これはつまり、マリネやパン生地、ソースに入っている白砂糖［成分のすべてまたはほとんどがショ糖］は、コーンシロップ、糖蜜、蜂蜜、果汁、牛乳、その他ショ糖でない糖類の入った食品ほどには褐色化しないということだ。

糖類は食べ物を褐色にする

カラメル化の際、砂糖の分子が分解して多種多様なかけらになり、味、香り、色の複雑なカクテルを作り出す。

 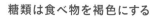

本当のカラメル化は
まじりけのない
糖類のみで起こる
（たんぱく質は入っていない）。

糖類は結晶化する
CRYSTALLIZATION

　私たちと砂糖の結晶化の関係は複雑なものだ。ファッジや氷砂糖の場合、結晶がゴールだが、タフィーやアイスクリームにとっては、結晶は敵である。ラッキーなことに、結晶化のルールはシンプルだ。

　水を凍らせる場合と同じように、砂糖の結晶化は組織化がすべてだ。結晶化することで、ひしめきあっていた溶解した糖類が均等な間隔できちんと配置された列に並び、完璧な結晶を形成する。それぞれの種類の糖類がまじりけなく結晶化し、それ以外のものはすべて周縁に押しやられる。不純物が多すぎると整列しようとする砂糖分子の邪魔になるので結晶は形成されない。

　よくできたキャンディーのレシピの裏にはだいたい、不純物を用いて砂糖の結晶化を防ぐという原理がある。ねばっこいキャラメルやタフィー、ロリポップやジョリーランチャーのようなキャンディーを作るには、砂糖と水を煮詰めてどろどろに濃縮したシロップにする必要がある。砂糖を溶かしておく水分が少なくなるので、この混合物は結晶が育つのにぴったりな環境だが、結晶ができるとキャンディーの食感とつやつやの見た目を損なってしまう。**複数の種類の糖類を加えることで、かみ合わないパズルのピースが混ざった無秩序な混乱が生まれ、結晶を形成するのに必要な、整然とした状態を作らせないようにできる。**ほとんどのキャンディーのレシピで、白砂糖（ショ糖）とコーンシロップ（ブドウ糖と果糖）あるいは蜂蜜（ブドウ糖と果糖）のように複数の種類の糖類を混ぜて使う必要があるのも、これが理由である。炭水化物やたんぱく質、脂質といったほかの成分も砂糖の邪魔をできるので、ソースやキャンディー、ジャム、焼き菓子の詰め物を結晶にさせずなめらかにするためには、クリームやバター、フルーツのピューレを加える。

　ほかの成分を砂糖の障害物にするだけが、結晶の形成を防ぐ方法ではない。結晶の赤ちゃんが生まれるのをコントロールすることもできる。**結晶はすべ**

温度と攪拌を組み合わせることで、
結晶の大きさを大きくて粗いものから
小さく細かいものまで
コントロールすることができる。

て種から始まるが、この種は鍋の側面や泡立て器のワイヤーについた気泡、
溶け残った何かの小さい粒など、何でもよい。牡蠣が一粒の砂から真珠を作
るように、この種が糖類の集合する場所になる。結晶の種を作らないために
は、清潔な調理用具を使う、すべてが均一に溶けるよう気をつける、不必要
にかき混ぜない、などが効果的な対策である。調理用具の大きさ、形、材質
も重要である。熱い部分と冷たい部分があると結晶化プロセスを活性化させ
てしまうためだ。熱い部分では砂糖を含む液体が焦げて結晶の種がたくさん
ある乾いた皮ができてしまうし、冷たい部分があると結晶が大きくなるため
の平和な隠れ家になる。一流のシェフでも、鍋のサイズが火口と合わないと
カラメルを作るのに苦労するほどだ。

　結晶の種ができた後の成長は、温度と攪拌次第である。混合物が熱いと、糖
類がはしゃいで跳ね回っているので、結晶ができにくい。混合物が冷めてく
ると、糖類が落ち着くので、まとまって結晶になる。ゆっくり冷ますと結晶
が成長する時間がたっぷりあり、手早く冷ませば成長は最低限で済む。攪拌
すると結晶ができるそばから分解されるため小さくなり、大きな結晶も小さ
な結晶になるための種に変わる。温度と攪拌を組み合わせることで、結晶の
大きさを大きくて粗いものから小さく細かいものまでコントロールすること
ができる。ロックキャンディーを触れずにおいておいたり、ファッジ、フォ
ンダン［砂糖と水で作る製菓材料の一種］、タフィーを冷ましながら混ぜて伸ば
したりするとき、私たちは求める食感を出すためにぴったりなサイズの結晶
を育てているのだ。ロックキャンディーの場合は口の中でゆっくり溶ける大
きくて綺麗な結晶を求めているし、なめらかでクリーミーなファッジや柔ら
かく伸ばしやすいフォンダン、もちもちのタフィーの場合には、ほとんど感
じられないくらい微小な結晶を求めている。

１種類の糖類

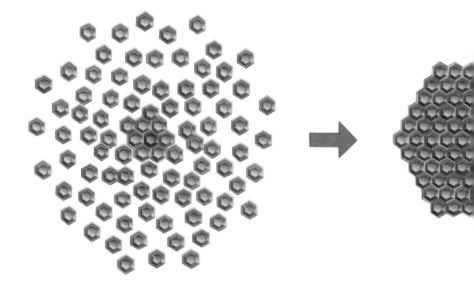

ほかの糖類を追加

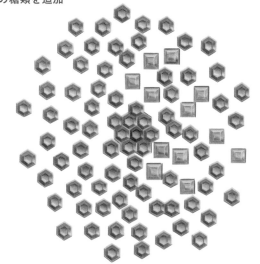

糖類は結晶化する

単一の種類の糖類を濃縮したものは中心に
なる「種」の周りに結晶を形成する。そこ
にほかの糖類を足すと組織化した構造が分
解されて混合物をなめらかに保てる。

ロックキャンディー

カラメルソース

ロックキャンディー

濃縮した砂糖シロップの中に
棒を入れて触らずにおいておくと
大きな結晶ができる。

ロッキーロードファッジ

―――――

ブラック＆ホワイトクッキー*

冷ましながらかき混ぜた
ファッジやアイシングは
小さい結晶がたくさんできる。

パルミジャーノ・レッジャーノ

熟成中に水分が蒸発するので、
ザクザクした結晶ができる。

*チョコレートとバニラのアイシン
グで半分ずつコーティングされた
ニューヨークの定番クッキー

キャラメル

クリームの脂質と
たんぱく質があるため、
糖類が結晶化しない。

蜂蜜

結晶化しても、温めると
結晶を溶かすことができる。

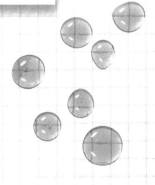

りんご飴

———

棒つきキャンディー

コーンシロップ（ブドウ糖と果糖）で
白砂糖（ショ糖）の結晶化を妨げ、
もろいガラス状態を作ることができる。

糖類は水と結びついて溶解する
DISSOLVING

　砂糖が水に溶けるときは、複数の水分子が砂糖分子１つずつに群がる。そして互いに引きつけ合い、砂糖と水の両方が、まるでつかまえて離さない力場にはまったかのように結びつく。この力場では、水には決まった相手がいて、すべてのエネルギーをその関係に注ぎ込むため、ほかの分子と遊んでいる暇はない。

　拘束されていない自由な水分は、私たちとしては食べ物の中であまり起こってほしくない活動に加担する。水分があると微生物が育って繁殖してしまい、食べ物がだめになったり、ほうっておくと危険になったりすることもある。また水分があるとたんぱく質が動き回り、蜘蛛の巣状の網を形成して食べ物が粗く硬くなることもある。こうした悪さに終止符を打つのに、砂糖が手を貸してくれる。溶解した砂糖は油断なく水分を蓄えて、水分を微生物から引き離す。砂糖煮の保存がきくのはこのためである。砂糖はまた、たんぱく質が互いにくっつくために必要な水分を奪い、メレンゲにだまが残ったり、カスタードが凝固したり、ケーキが硬くなったりするのを防ぐ。

　砂糖は、水分がほかの成分にあまり関心を持たないようにさせるのに加え、水分を放さないことで、水分が物理的な形状を保てるようにしている。砂糖のせいで水分は結晶化することが難しくなる。砂糖に結びつけられていると、水分が凍る温度が下がり、より小さく、ゆっくり成長する氷の結晶ができる。これを利用して、私たちはアイスクリームやシャーベット、その他冷凍食品の食感を微調整することができる。砂糖が少なすぎると粗くて氷の多い食感になり、砂糖が多すぎると、ちゃんと凍らずにどろっとしたスラッシュ［凍らせて半固形状にしたドリンク］ができる。また、砂糖があることで水分が蒸発しにくくなる。バッター生地やパン生地、塩水、その他の混合物に砂糖を加えると、調理中や棚に置いている間に水分が飛ぶことを防げる。砂糖を

拘束されていない自由な水分は、
私たちとしては食べ物の中で
あまり起こってほしくない活動に加担する。

使って水分を結びつけることが、モラセス［糖蜜］クッキーであれ誕生日ケー
キであれ、ドライデーツであれ、あるいは鶏もも肉であれ、食べ物の中に潤
いを閉じ込めておく秘訣のひとつである。食べ物の中に潤いを閉じ込めるの
に最も適した成分のもうひとつはミネラルである（ミネラルの章を参照）。だ
が、食品中に数パーセント以上の濃度の塩が入っているとおいしく食べられ
ないので、たくさんの水分を結びつける必要のある状況では、ほとんどの場
合、砂糖に頼ることになる。

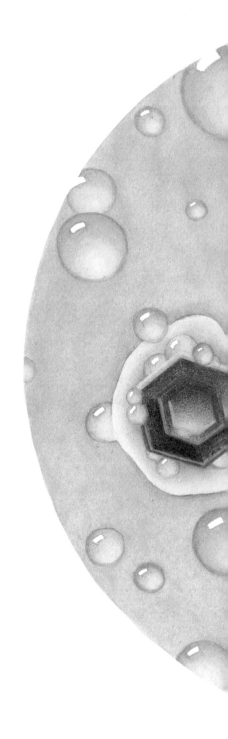

糖類は水と結びついて溶解する

砂糖は水分と結びつき、水分が蒸発したり、
凍ったり、ほかの成分と作用したり、微生物
の成長を助けたりするのを妨げる。

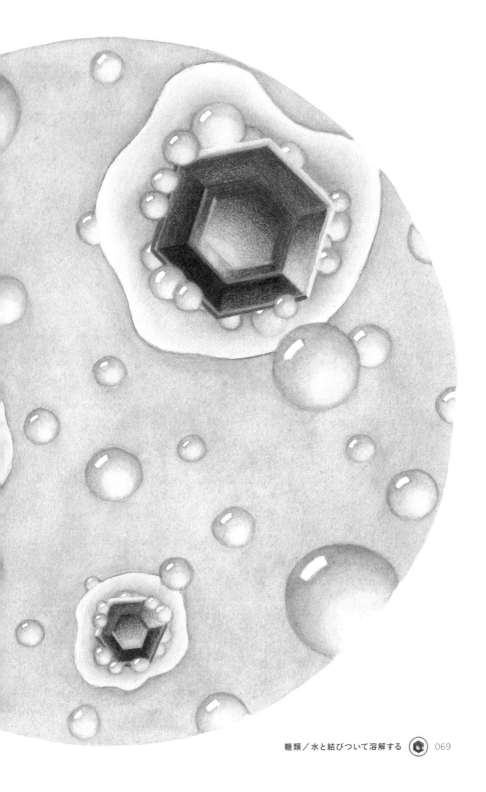

鶏もも肉

塩水に入れた砂糖が
水分にくっついて
しっとりした肉になる。

モラセスクッキー

生地中の砂糖が
水分にくっついて
しっとりしたクッキーになる。

マンゴーアイス

砂糖のおかげで
水分が小さい結晶になり、
じゃりじゃりした食感にならない。

メレンゲ

カップケーキ

砂糖が水分と結びつき、
卵や小麦のたんぱく質が
固くてぼそぼそした
網になるのを防ぐ。

キャンディードベーコン

ラズベリージャム

大量の砂糖が微生物から水分を
奪い、食品を長持ちさせる。

糖類はとろみをつける
THICKENING

　砂糖の分子は特別大きいわけではないので、砂糖の分子１つだけでは、特に炭水化物やたんぱく質と比較した場合、水分にとって大した障害物にならない。しかし私たちはしばしば重量の半分以上が砂糖の食品を食べているし、その砂糖分子はすべて積もり積もっていく。**量が多くなると、砂糖は何もかもを減速させる。**

　水に砂糖を入れてとろみをつけると、どろどろのシロップができる以外にもいいことがある。砂糖でとろみをつけた水は、別のレシピの一部として使うと、セメントのような役割をして、ひびを埋めたり、繊細な構造を強化したりする。

　メレンゲ、マシュマロ、それからビールの上に乗っている泡は、水分に閉じ込められた小さな気泡でできた繊細な足場を持っている。純水は希薄なので、この足場からすぐに抜けてしまい、カップやボウルの底に浸み出る。蜂蜜が容器からゆっくりと流れ出るように、砂糖でとろみをつけた水は浸み出るのにずっと時間がかかるので、泡が長持ちする。

　このはたらきはゲルでも同じである。砂糖にはゲルの網を作るのに必要なたんぱく質や炭水化物の長い麺状の構造はないが、ゲルのひびを埋める役には立つ。この砂糖のセメントのおかげで、カスタードやジャムからチーズやジェロー［アメリカで一般的なゼリー商品］まで、いろんなものから水分が抜けないで済んでいる。

　砂糖が一定量以上入っていると、水はとろみがつきシロップ状になって、動きが完全に止まる。**全体がぎゅうぎゅうになるので、水も砂糖も、動いて結晶の格子を組織することができず、結晶になれない。**こうした交通渋滞を起こしたガラス状態は本物のガラスのように粉々に割れる性質があり、クレームブリュレや飴玉、照りをつけたハム、北京ダック、それから高級ボン

砂糖でとろみをつけた水は、
別のレシピの一部として使うと、
セメントのような役割をする。

ボンからM&M'sまでいろいろなもののコーティングに、食感を加え、食欲を
そそっている。

糖類はとろみをつける

糖類は水の邪魔をして液体にとろみをつけるが、小さいので効果を
出すには大量の砂糖が必要となる。糖類が結晶化を妨げられている
場合、濃度が高ければガラス状態になる。

純水

蜂蜜

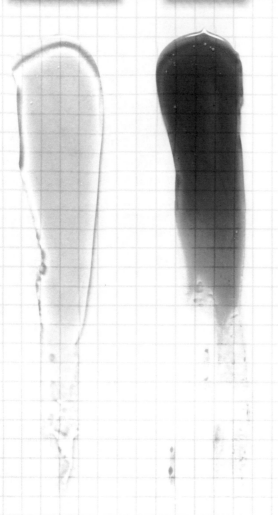
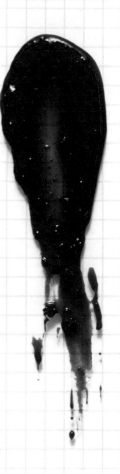

アガベシロップ

糖蜜

ブルーベリー
コンポート

ストロベリー
アイスシロップ

バルサミコ酢
濃縮液

グレープソーダ

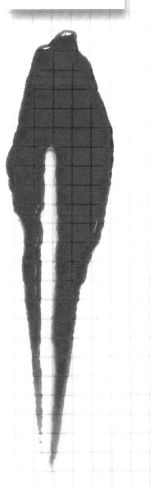

糖類が多ければどんなものでもべたべたした
シロップ状になる。水分に対する糖類の割合が高くなると、
ガラス状態または結晶ができる（64-65ページを参照）。

糖類は発酵のもとになる
FERMENTATION

　砂糖は微生物に対しても人間に対してと同じようなはたらきをする。つまり、私たちは糖類を食べて育つが、食べる量は適量でなければならない。生きるために私たちは糖を必要としてはいるが、64オンス［約1.9 L］サイズの砂糖をたっぷり入れた炭酸飲料は誰にとっても健康によくない。砂糖が多すぎると微生物から水分を奪うので微生物の成長を妨げるが、微生物が生きるためには少量の砂糖が必要になる。というより、たいていの場合、砂糖は微生物の主食である。

　微生物は砂糖を食べる……お行儀悪く。微生物には口がないから、砂糖分子の周りに巻きついて砂糖を粉砕し、ぶよぶよした膜からねばねばの内部に取り込んで食べる。取り込んでしまうと、内部機関が砂糖を切り刻む。微生物はこの砂糖のかけらの一部を、動いたり成長したり繁殖したりするのに使い、使えない部分は食べ物に投げ返す。**微生物の食べ方は汚いが、私たちにとってはラッキーなことに、彼らが捨てる食べ残しの砂糖のくずはおいしい。**

　風味の点では、砂糖はつまらないものだ――ひたすら甘いだけで、色も香りもない。だが、微生物が喜んで食べた残りの砂糖のくずはつまらなくなんかない。微生物の種類と、温度と競争相手、環境に基づいた食欲次第で、この砂糖のくずは様々なおいしい形をとりうる。多くの微生物は糖を酸に変え、発酵した乳製品やシャルキュトリ［主に豚肉を用いた加工食品］、ピクルス、酢にツンとした香りを加える。ほかにも、暗闇にまぎれてこっそりとアルコールを造る密造者のような微生物もいる。砂糖を気体に変える微生物もいて、これでパン生地がふくらむし、スパークリングワインやビール、一部のピクルスは、舌の上でしゅわしゅわして感じられる。**時には微生物が、糖をたんぱく質や炭水化物や脂質などの成分も揃った品数の多いご馳走のメイン料理にすることもある。**ほかの成分のくずも混ざってきて、発酵の過程がよりツ

砂糖が多すぎると微生物から
水分を奪うので微生物の成長を妨げるが、
微生物が生きるためには少量の砂糖が必要になる。

ンとした香りやかぐわしい香りに満ちていく。これらのくずは時間の経過と
ともにたまっていき、これによりグレープジュースや牛乳のような単純なも
のがワインやチーズに変わり、その風味が複雑になっていくため、私たちは
まだその全容を解明できていないほどである。

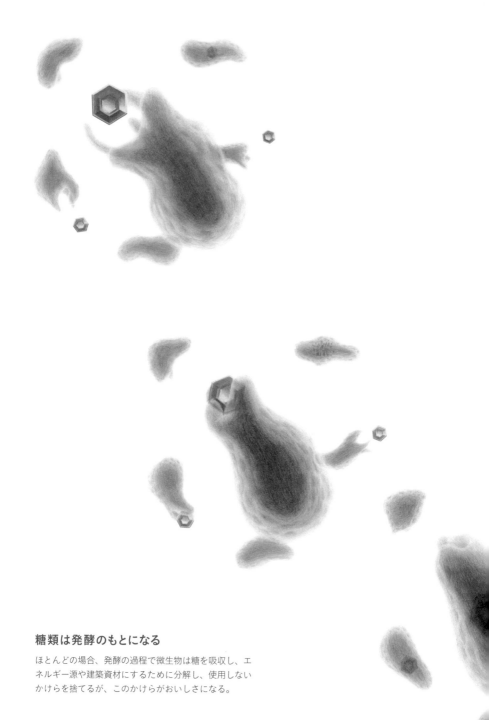

糖類は発酵のもとになる

ほとんどの場合、発酵の過程で微生物は糖を吸収し、エ
ネルギー源や建築資材にするために分解し、使用しない
かけらを捨てるが、このかけらがおいしさになる。

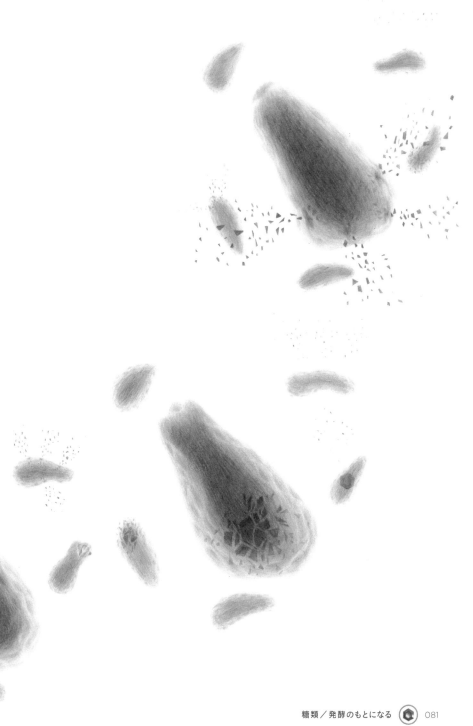

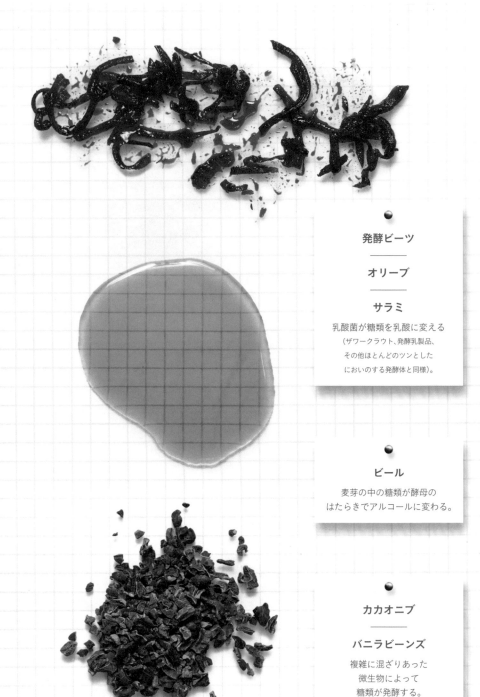

発酵ビーツ

———

オリーブ

———

サラミ

乳酸菌が糖類を乳酸に変える
（ザワークラウト、発酵乳製品、
その他ほとんどのツンとした
においのする発酵体と同様）。

ビール

麦芽の中の糖類が酵母の
はたらきでアルコールに変わる。

カカオニブ

———

バニラビーンズ

複雑に混ざりあった
微生物によって
糖類が発酵する。

米味噌

カビが糖類を解放することで
発酵の過程を活性化させる。

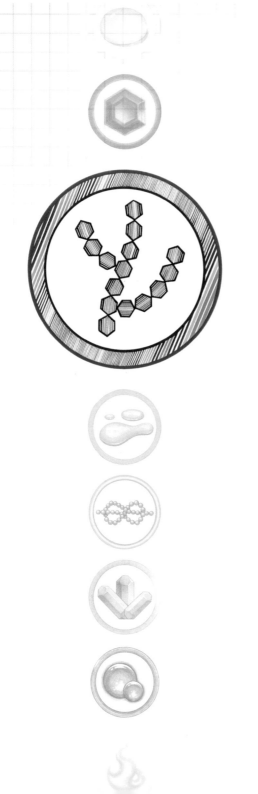

炭水化物 CARBOHYDRATES

炭水化物は糖類でできている（糖類自体が、厳密には小さい種類の炭水化物である）——数十個から数千個の糖類がつながって長い鎖を形成している。様々に絡まった不格好な形をしていて、ほかの成分をとらえ、パリパリのポテトチップスや濃厚なトマトソースになる。その入り組んだ構造のおかげで、炭水化物は食べ物の中で5つの基本的な役割を果たしている。

・水と結びついて**溶解**する。
・液体に**とろみをつける**。
・液体を**ゲル化**する。
・**味と香りの混合物をとらえる。**
・**分解して遊離した糖類になる。**

炭水化物は水と結びついて溶解する
DISSOLVING

　成分は大きければ大きいほど溶けにくい。水はミネラルや糖類のような小さい成分を引き離すのには苦労しないが、炭水化物の巨大な鎖の結び目をほどくのには苦心する。それどころか、水はかたまりの外側にある炭水化物の鎖に群がって動けなくなり、残りの炭水化物を内部に密閉するため、状況を悪化させてしまう。

　炭水化物に、ソースにとろみをつけたりゼリーを固めたりといった役に立ってもらうためには、水が自分自身の邪魔になる前に、水がだまをほぐす手助けを人間がしてやる必要がある。レシピでは冷水にでんぷんを加えて混ぜてからブロスに加えてグレービーを作るように指示しているのはこのためだ。冷水を使うことで全体を減速させ、だまができる前に個々の炭水化物を引き離す時間を稼げる。もうひとつの方法は、あらかじめ炭水化物を脂質や糖類のようなほかの成分と混ぜ合わせておいて、鎖が互いから切り離され、均等に分散した状態に保つというものだ。ガンボ［アメリカ・ルイジアナ州の伝統的な煮込み料理］を作る前にルーの小麦粉をバターまたは油と混ぜ合わせておいたり、ジャムを作る前に粉末ペクチンを砂糖と一緒にふるったりする背景には、こうした発想がある。

　ひとつひとつの鎖が切り離されてむき出しになった炭水化物は、ほとんどの場合、完全に溶けるために熱を必要とする。炭水化物の鎖はとても長く入り組んでいるため、水が隙間にぐいぐい入り込むためには、熱に発破をかけてもらわないといけない。だから、小麦粉やペクチンや寒天はかき混ぜてからしっかり煮立たせて溶かす必要がある。このルールにはいくつか例外がある——キサンタンガムや加工でんぷんのような炭水化物は水が入りやすくなるようあらかじめ加工されているため、鎖がむき出しになるとすぐに水和する。炭水化物は種類ごとに、溶けるために必要な特定の条件があり、どれ

水はミネラルや糖類のような
小さい成分を引き離すのには苦労しないが、
炭水化物の巨大な鎖の結び目を
ほどくのには苦心する。

を使うか決めるときにはそうした基本原則が手がかりになる。

　溶けた炭水化物は砂糖やミネラルと同じように水を引きつけるので、水が微生物と接触したり、氷の結晶になったり、水蒸気になって空中に逃げたりするのを妨げる。だが水は糖類やミネラルほどには炭水化物に夢中にならないので、この2種類を相手にしたときほどには効果は強力ではない。砂糖の場合、つかまった水分子の群れが四方八方から砂糖を取り囲むので、ひとつひとつの砂糖分子はたくさんの水分を縛りつける。**しかし、炭水化物の鎖を構成する糖でできた輪は水分子が割って入れる隙がないほど互い密接に詰まっているので、鎖はあまり水分を縛りつけない。**バゲットの中のでんぷんは水分をとらえるが、砂糖入りのケーキよりもバゲットのほうがずっと早く乾ききってしまう。でんぷん質のソースは砂糖入りのアイスクリームよりも凍ると硬くなるし、氷の結晶も粗い。パスタやクラッカー、その他砂糖がたくさん入っていない炭水化物の多い食べ物は、水分が10パーセントほどになるまで乾燥させて微生物を抑制する必要があるが、砂糖の多いジャムは水分が50パーセントでも常温で長期保存できる。

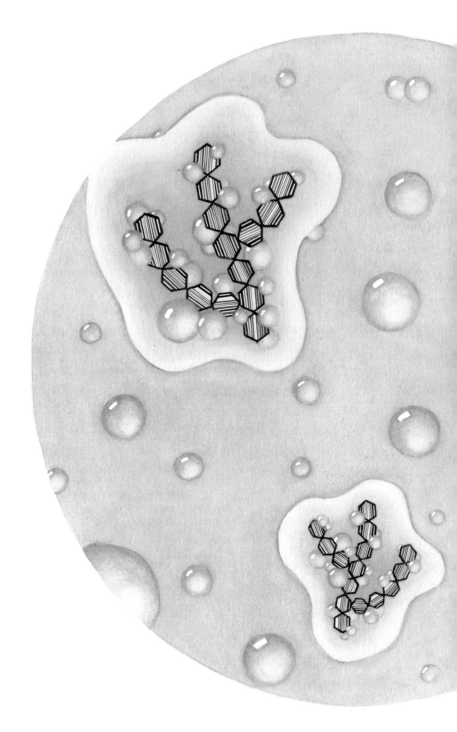

CARBOHYDRATES / DISSOLVING

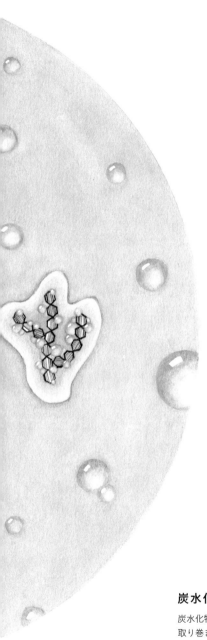

炭水化物は水と結びついて溶解する

炭水化物がきちんと溶けているとき、ひとつひとつの分子はそれぞれの
取り巻きの水分子に囲まれている。水は炭水化物の鎖の輪のあいだには
入れないので、炭水化物は糖類よりも水を縛りつけるのには効果が低い。

オクラ

煮込みオクラ

オレンジ

オレンジマーマレード

ニンジン

ニンジンのピューレ

炭水化物が効果の高い増粘剤や
乳化安定剤などになるためには、
きちんと溶けていないといけない。
素材丸ごとを扱う場合は、加熱、攪拌、
あるいは混ぜ合わせることで可能になる。

リンゴ

アップルソース

炭水化物はとろみをつける
THICKENING

　開放的なプールで泳ぐのは簡単だ。遮るものがなければ、直進するのは難しくない。だが昆布や海草をかきわけて泳ぐとなると厄介だ。長く絡まり合ったつる状の海草があることで、直線コースが曲がりくねったつらい試練になる。これが、炭水化物が液体にとろみをつける仕組みである。**流れる水を妨げるはたらきをするのだ。**

　海草のかたまりが１つあるだけならよけて泳ぐのは簡単なので、炭水化物のだまが１つだけあっても、液体に大してとろみはつかない。水の章で述べた通り、成分がうまく分散されていればいるほど、より障害になる。炭水化物の鎖をかき回したり、混ぜ合わせたり、あるいは均等に分散させることで、とろみづけの力を最大限に引き出すことができる。

　炭水化物を手に入れるなら植物が一番よい。植物には骨も筋肉もないので、果物や野菜、豆類、穀物、香辛料、ハーブは、でんぷんやペクチン、セルロース、その他たくさんの炭水化物に、構造、動き、それからエネルギーを依存している。

　植物からとった炭水化物で食べ物にとろみをつけるやり方は、最初は腕力頼みの粗雑な手法だったが、果物をつぶしてペーストにしたり、植物の根を石で打ちつけて原始人のマッシュポテトを作ったりしていた頃からはだいぶ進化している。**植物でとろみをつけるコツは、炭水化物が入っている自然の包みを開く方法を見つけることである。**ニンニクやひよこ豆、イチジク、カボチャの中に閉じ込められたままでは、炭水化物は液体に大してとろみをつけられないが、煮込んだりピューレにしたりして引き出せば、とろみづけの力を発揮する。場合によっては、私たちはたくさんの熱と、ミキサーという物理的な力を用いて、完璧になめらかで均質なビーツのスープや茄子のピューレを作る。また、増粘剤である炭水化物の形を完全になくしてしまわ

炭水化物は成分の中でも
とろみづけの力が最も強く、
そのためパリパリの食感を出すのにも
最適な成分である。

ずに液体にとろみをつけたいときもある。おいしいリゾットやタピオカプディング、スチールカット［挽き割り］のオートミールはバランスが大事である——液体中に炭水化物の一部をおびき出してクリーミーにしつつ、固体の具材の構造と歯ごたえを残せるだけの炭水化物の足場は維持したいからだ。

　丸ごとの食材由来の炭水化物はとろみづけの力が強いが、用途によっては好ましくない味や香り、色、ほかの成分をまとっている。きちんととろみづけをしたいがそれ以外は何もいらないという状況では、精製炭水化物を選ぶとよい。コーンスターチ、ポテトスターチ、葛粉、その他寒天やキサンタンガム、ペクチンなど粉末の炭水化物は、穀物、植物の根、果物、海草、時には微生物から抽出された、純粋な炭水化物の鎖である。どの種類の精製炭水化物も鎖の長さや形が異なり、とろみづけの力に幅があり、また溶けるための要件がある。

　水の章で述べた通り、極端にとろみが強くなるとパリパリの食感が生まれる。炭水化物は成分の中でもとろみづけの力が最も強く、そのためパリパリの食感を出すのにも最適な成分である。ジャガイモやタマネギ、グリーンバナナ、その他炭水化物の鎖を多く含むものは、揚げたり焼いたりあぶったり乾燥させたりして水分を抜くと、ガラス状態になりパリパリになる。パリパリ感を出せるものは天然の炭水化物だけではない。それ自体に炭水化物があまりない食品も、でんぷんや小麦粉から朝食用シリアル、挽いた香辛料、干し野菜、砕いたトルティーヤチップスまで、炭水化物を豊富に含む食品をまぶしたり振りかけたりすることで、砕けやすいパリパリした食感を生むことができる。

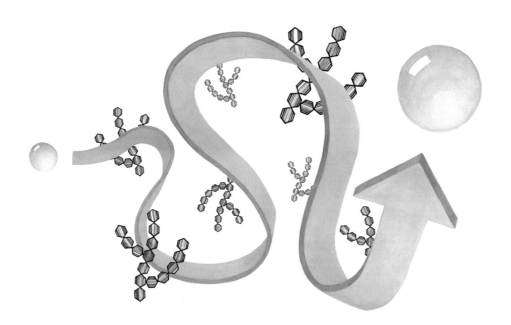

炭水化物はとろみをつける

炭水化物は水の邪魔をして液体にとろみをつける。長い構造を
しているのでとろみづけに最も効果を発揮する成分である。炭
水化物が多くなると、水はまったく動かなくなってガラス状態
を形成するが、炭水化物の鎖が重ならなければゲル化はしない。

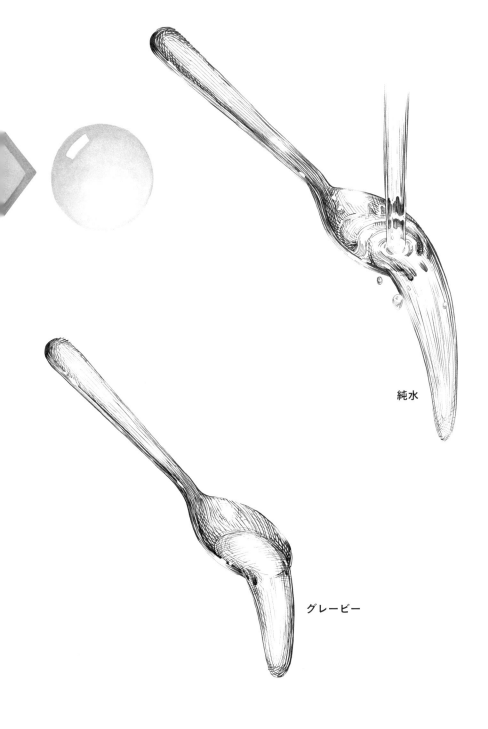

純水

グレービー

トマトペースト

トマトの細胞壁の
ペクチン

ジェノベーゼソース

砕いたナッツのでんぷんと
ハーブの葉のセルロース

バクラヴァ*

小麦でんぷんでできた
パリパリのガラス状態

＊中東のパイ菓子

ランチドレッシング*

微生物発酵により得られる
多糖類であるキサンタンガム

*クリーミーなサラダドレッシング。
　ランチは牧場（ranch）の意。

海苔

藻類の炭水化物でできた
パリパリのガラス状態

オレンジジュース

オレンジの皮と
果肉のペクチン

煎餅

米のでんぷんでできた
パリパリのガラス状態

炭水化物は液体をゲル化する
GELLING

　増粘剤として使うと、炭水化物は障害物のようなはたらきをし、水が流れようとするのを遅らせる。ゲルを作るのに使うと、個々の炭水化物の鎖が融合して、水分を檻に閉じ込め、完全に止めてしまう。

　溶解やとろみづけの場合と同様に、炭水化物を均等に分散させてだまになるのを防ぐのが、ゲル化の最初の一歩である。炭水化物の包みがうまく開いてしまえば、ゲルを形成させるというのは、炭水化物を集めて檻に入れるということを意味する。炭水化物がどれだけぎゅうぎゅうになっていようと、鎖が交差して連結し、３Dの網にならなければ、液体はゲル化しない。炭水化物の種類ごとに、この網を縫い合わせるための特別な条件が必要になる。ジャムやグミ、マーマレード用のペクチンは、低pH状態と大量の砂糖を必要とする。アルギン酸やカラギーナン、ゲランといった一部の炭水化物にはミネラルが必要である。ミネラルが鋲のように個々の鎖を正確に融合させてゲルの網を作るはたらきをし、現代のシェフたちが夢想する球体や立方体やその他まばゆく革新的な形をずらりと並べてみせることができる。ほとんどのでんぷんは単に温めてから再度冷ますだけでゲル化する。ピーカンパイ［アメリカ南部の菓子。ピーカンナッツとコーンシロップなどで作る］やパンケーキ、ニョッキ、春雨はこのようにしてできる。

　とろみのついた状態からゲル化した状態への旅は必ずしも一方通行ではない。**とろみのついた液体とゲルの中間のグレーなエリアをうろうろする食べ物もあり、こうした食べ物は揺すったり、絞ったり、かき混ぜたりすることで、一時的に薄くのばすこともできる。**振動を与えることで壊れやすいゲルの檻が壊れて開き、中身がすべて流れ出して檻が再び形成される。このグレーエリアの最も極端な例は瓶入りのサラダドレッシングとケチャップだ。絡まり合った炭水化物は頑強にボトルの中身をつかんでいるが、臨界点に達

炭水化物がどれだけ
ぎゅうぎゅうになっていようと、
鎖が交差して連結し、
3Dの網にならなければ、
液体はゲル化しない。

すると檻が壊れて開く。突如として、調味料や香辛料が瓶からほとばしり出
て、魔法のように固体から液体に変わる。この「流体ゲル」は、皿、服、あ
るいは床にぶつかると、炭水化物の檻が元通りの場所に戻るためにすぐに固
まる。同じパターンはヨーグルトやパンナコッタのような食べ物にも見られ
るが、これらのとろみはたんぱく質によるものだ（たんぱく質の章を参照）。た
んぱく質も長い鎖のような形をしているので、炭水化物と同じ性質の特徴が
いくつかある。

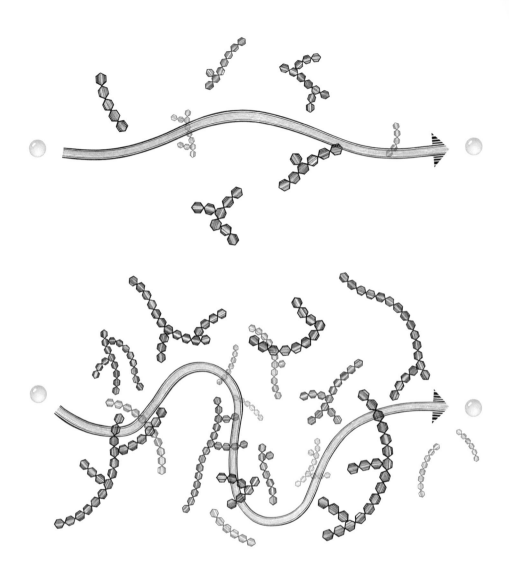

炭水化物は液体をゲル化する

炭水化物の個々の鎖が重なりだすと、より液体に
とろみがつく。重なる部分が多くなると、檻がで
きて水分を完全にとらえ、ゲルを作る。

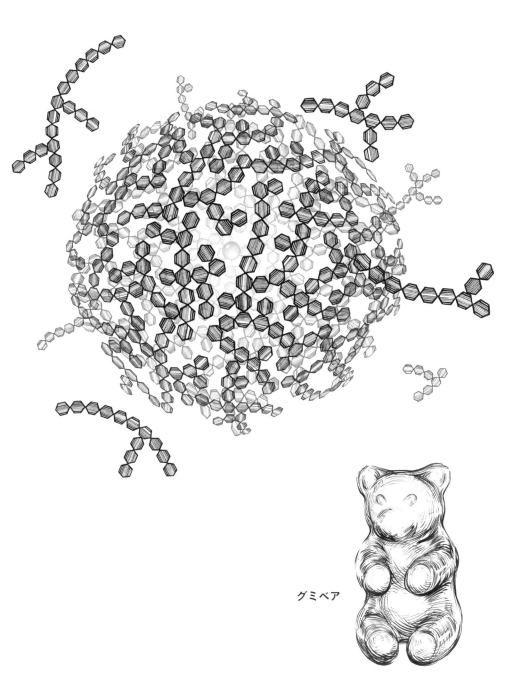

グミベア

春雨

緑豆のでんぷんがたんぱく質の手を
借りずに麺をゲル化する。

スパニッシュライム

———

トマト

ペクチンが果肉を
まとめている。

パンケーキ

小麦粉のでんぷんが
グルテンたんぱく質と作用して
配位結合したゲルを作る。

リコリス

小麦粉のでんぷんと
植物の樹脂がゲルを作る。

ピメントオリーブ

ピメントの詰め物はピメントの汁を
アルギン酸ナトリウムで
ゲル化したものから作られている。

ハッシュドポテト

ジャガイモの身をすりつぶすことで
放出されたジャガイモのでんぷんが
ゲルになりナゲットをまとめている。

ターキッシュディライト*

コーンスターチがゲルを作る。

グミリング

精製した果物の
ペクチンを加えて
果汁をゲル化させる。

*コーンスターチ、砂糖、ナッツで
作られるトルコ菓子

炭水化物は味と香りをとらえる
TASTE + AROMA BINDING

　森のように入り組んだ炭水化物は、ただ食べ物の食感を変えるだけではない——食べ物の味やにおいにも影響する。香りと味の混合物は炭水化物の鎖にくるまれると動けなくなる。口の中で、舌に乗ったり鼻に抜けたりできないので、風味は弱く感じられる。**炭水化物は味と香りのブラックホールになるのだ。**

　すべての炭水化物の中で、でんぷんが最も風味を強力にとらえるため、でんぷんを入れた食べ物がぱっとしないように思えることがある。チキンストックや海老、あるいはタマネギピューレの風味がちゃんと出ていない場合にでんぷんを加えると、できあがったソースやフライドシュリンプ、リゾットはほとんど味がしなくなる。近年、レストランのシェフたちが料理の食感を操るためにペクチンや寒天、キサンタンガム、ゲランガムといったほかの炭水化物に鞍替えしている理由のひとつがこれだ。こうした代替増粘剤やゲル化剤は風味の詰まった混合物をあまりとらえないし、食べ物の色も変えないので、繊細な風味がはっきりわかる。でんぷんでとろみをつけたストロベリーソースはとても薄いことがあるが、同じソースでもキサンタンガムでとろみをつけると、ベリーのおいしさが輝く。

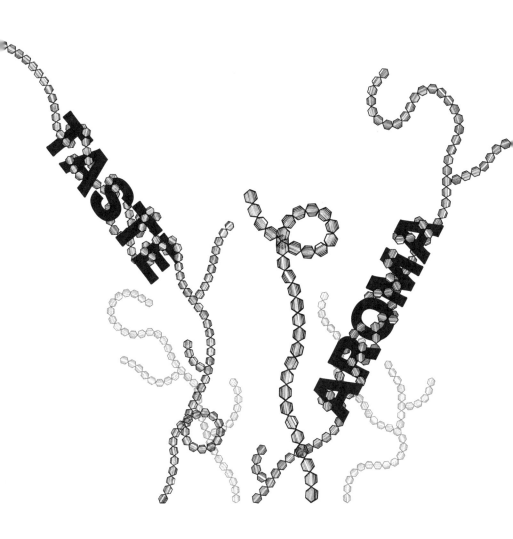

炭水化物は味と香りをとらえる

味と香りが炭水化物の鎖に絡めとられると、舌に乗ったり鼻に
抜けたりできないため、食べ物の風味が抑え気味に感じられる。

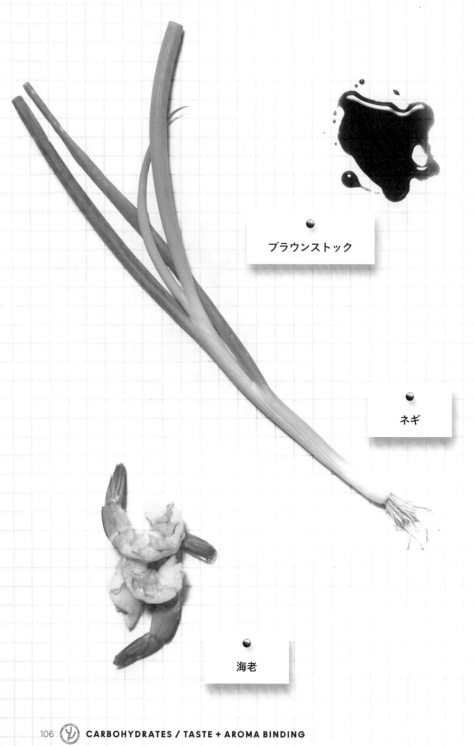

ブラウンストック

ネギ

海老

CARBOHYDRATES / TASTE + AROMA BINDING

でんぷんやほかの炭水化物を
食べ物に加えることで、
味や香り、色が
抑えられてしまうことがある。

ブラウングレービー

ネギのリゾット

衣をつけて揚げた海老

炭水化物は分解して糖類になる
BREAKDOWN

炭水化物は糖類の鎖である。**この鎖が壊れると、より個別の糖類らしいふるまいをし始める。**

　時間と熱によって、炭水化物のゲルは鎖の結合部のところでばらばらになり、鎖自体が壊れて小さなかけらになる。ほとんどの植物性の食べ物が調理中に柔らかくなるのはこのためだ。ニンジンの細胞やケールの葉の細胞ひとつひとつの中にある炭水化物の足場の「背骨」がばらばらになりはじめ、組織が硬くパリパリしたものから、柔らかくしなっとしたものへ移り変わる。調理することで炭水化物の鎖が引き離されて野菜が柔らかくなるが、個々の糖類に分解するためには、通常は酵素の力を借りる必要がある。

　ミニサイズのたんぱく質のロボットである酵素（たんぱく質の章を参照）は、小さな分子のナイフのようなはたらきをして、炭水化物を切り刻んで糖類のかけらにする。炭水化物を消化する酵素は、植物の細胞から微生物や動物の内臓まで、あらゆるところにある。つまり、サツマイモ、麹（醤油や味噌を作るのに使われる米のカビ）、それからミツバチの腸には共通点があることになる。すなわち、どれも、炭水化物の鎖を遊離した糖類の山に変えられる酵素を持っているという点だ。

　もとの炭水化物の鎖とは違い、自由になった糖類は甘い。何かを味わうためには、それが味蕾にぴったりはまることができる必要がある。百万個もの糖類が縫い合わされてできた一本の鎖は巨大で重いひとかたまりの寄せ集めである。味蕾はこれをつかむことができないので、それ自体には味がないことになる。果物が熟し、サツマイモが熟成し、味噌が発酵し、大麦が麦芽になるにつれて、甘くなっていく。豆はこのルールの奇妙な例外のひとつだ。豆には逆向きにはたらく酵素があり、糖類を結合させて炭水化物の鎖を作る。豆が収穫されるやいなやこの酵素がはたらき始め、豆をでんぷん質で味のな

何かを味わうためには、
それが味蕾にぴったりはまることが
できる必要がある。

いペレットに変えてしまう。

　炭水化物の分解は甘味以外にも影響がある。鎖が壊れると、よりきれいに褐色化するし、より多くの水分をとらえるし、より速く発酵するし、より簡単に結晶化するし、とろみをつけたりゲル化したりする能力を失う。分解のちょうどいいバランスを見つけることが大事だ。長時間発酵させたパン生地はオーブンに入れるとより濃い焼き色がつくし、熟した料理用バナナは揚げるとよりキャラメルっぽくなるが、どちらも炭水化物の構造がなく柔らかくなるため、崩れないようにしておくのが難しい。古くなったジャガイモのほうが揚げ物鍋の中でより速くきつね色になるが、とろみを出す力がないためパリパリ感は落ちる。熟したイチジクはデザートの甘みを出すのにぴったりだが、熟す前のイチジクは増粘剤として優秀で、詰め物や砂糖衣をより安定させることができる。甘く熟したブドウ［多量の糖類を含む］はすぐにワインにする必要があるが、でんぷん質の穀物を原料とする酒造の場合には、醸造業者が穀物を発芽させて穀物中のでんぷんを分解する時期を自分で決めて醸造することができる。**長い炭水化物の鎖から個々の糖類までの旅はある連続体の上にあって、両端のあいだのちょうどいいバランスを見つけることが、ちょうどいい食感、味、色を備えた料理を作るためには重要だ。**

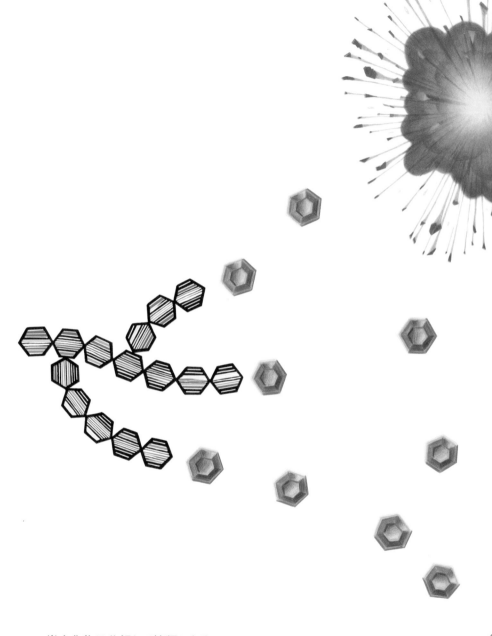

炭水化物は分解して糖類になる

炭水化物の鎖は分解して遊離した糖類を生み出し、この糖類は、褐変、
水との結合、発酵、甘味、結晶化といった糖類の特性すべてを示す。

糖類の結晶

褐変

微生物(発酵)

水との結合

味蕾(甘味)

サツマイモ

天然の酵素のおかげで低温調理の
あいだにさらに甘くなる。

麦芽になった大麦

でんぷんが分解されてできた糖類のはたらきで
発酵や甘いデザートに麦芽を使うことが可能になる。

ザクロ

どんな果物も、熟すあいだにでんぷん、
ペクチン、その他の炭水化物が分解される。

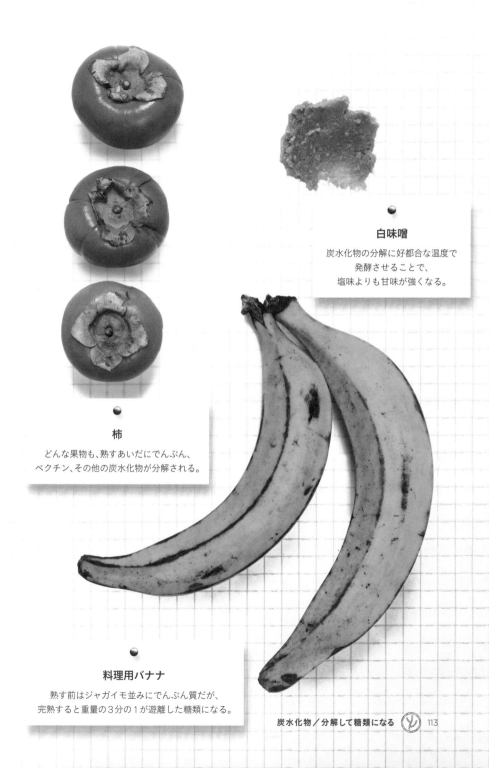

白味噌

炭水化物の分解に好都合な温度で
発酵させることで、
塩味よりも甘味が強くなる。

柿

どんな果物も、熟すあいだにでんぷん、
ペクチン、その他の炭水化物が分解される。

料理用バナナ

熟す前はジャガイモ並みにでんぷん質だが、
完熟すると重量の3分の1が遊離した糖類になる。

脂質 LIPIDS

脂質は水と仲がよくない。つるつるしているし脂っこい。においもある。脂質は過酷な条件の影響を受けやすく、熱や光、空気にさらされると、一瞬にして花のようなにおいから生臭いにおいに転じる。脂質を定義する特質は以下のようなものである。

・エマルション（乳濁液）になる。
・**乳化剤**のはたらきをする。
・**水を嫌う化合物を蓄える。**
・**溶けたり、結晶化したりする。**
・熱しても蒸発することなく**高温にできる。**
・風味豊かなかけらに**分解する。**

脂質はエマルションになる
EMULSIONS

　ほとんどの脂質と水は互いが嫌いである。そうした脂質は、水を避けるためなら何でもする。もしも水と接触させられて逃げることが不可能な場合、団結するのが最善策だ。寒さをしのぐ南極のペンギンのように、脂質は巨大な群れで集まって外側にいる脂質だけが居心地の悪い思いをすればよいようにする。私たちが食べるものほぼすべてで水と脂質は共存しているので、同じ空間を共有するため何らかの方法を見つけなければならない。エマルション——水の中にある油（またはその逆）の小さな液滴——がその答えだ。

　エマルションを作る主な目的は油の小さな液滴がよく混ざり互いから離れた状態に保つことだが、これは簡単ではない。脂質は団結していれば水から目いっぱい遠く離れていられるので別れさせられないよう抗う。エマルションを長持ちさせる第一歩は液滴を極小にすることだ。すると、すべての液滴が再びくっつくまでに時間がかかり、エマルションの寿命が長くなる。**永久に続くエマルションはない（エマルションはいつかは分離する）が、食べるまでもちさえすればよいのだ。**家庭の食事用のヴィネグレットソースは食卓に出す直前にかき混ぜればよいが、レストランで提供するヴィネグレットソースは何時間たっても分離しないようにする必要がある。このように時間の幅に余裕をもたせるため、混ぜ合わせる際のパワーを大きくして、液滴を攻撃し木っ端微塵にする。強力なミキサーのほうがハンドブレンダーよりもエマルションを作るのに向いており、ハンドブレンダーは泡立て器より、泡立て器はフォークより、フォークはスプーンより、スプーンは指よりも向いている。

　液滴を小さくできればエマルションを長持ちさせることができる。これが第一歩で、その後のエマルションの保存では液滴どうしの相互作用の管理が肝心だ。**乳化した液滴を引き離しておくための私たちのツールには、安定剤、乳化剤、そして温度管理がある。**安定剤になるのは炭水化物、たんぱく質、そ

水の中が脂質の液滴で
混みあいすぎると、
どうしても互いにぶつかってしまう。

の他水の邪魔をする成分などの水にとろみをつけるものだ。脂質にしてみれ
ば、安定剤があると一番近い仲間の液滴まで泳いでいくのが大変になる。ま
た、脂質は水よりも密度が低いため安定剤があると液滴がエマルションの表
面へ浮かび上がって集まるのが難しくなる。乳化剤は液滴が合体できないよ
うにする。食品の乳化剤のほとんどは脂質かたんぱく質で、液滴の表面を
コーティングするので、もし2つの液滴が出会ってもくっつかずに互いをは
じき返す。また、エマルションの保存には、温度を下げるという方法もある
(熱の章を参照)。熱を下げると何もかも動きが遅くなるし、脂質の液滴が互い
に向かってのろのろとしか動けなければエマルションは長持ちする。

　脂質は通常水に溶けないとはいえ、水の通り道で障害物にはなれる。**乳化
が起こると水が脂質の液滴をカラーコーンのようによけて進まなくてはなら
ず、液体にとろみがつく**。ソースにバターを入れてかき混ぜベルベットのよ
うになめらかなソースにしたり、マヨネーズをスプーンが立つほど固くした
りするときに起きているのはこういう現象だ。ほかの成分と同様に、脂質は
均等に分散しているときが最も液体にとろみをつけられる。水にとっては大
きな液滴いくつかを避けるよりも何千もの液滴が埋まった地雷原を縫って進
むほうが時間がかかるので、細かいエマルションは粗いものより安定してい
るだけでなく、とろみも強い。だが、とろみづけの効果には限度がある。水
の中が脂質の液滴で混みあいすぎると、どうしても互いにぶつかってしまう。
するとエマルションはもろく分離しやすくなり、表面に小さな油滴ができ始
めてエマルションの終わりが近いことを告げる。ここに水分を足すと油滴が
動ける隙間ができる。レモン汁やストック、牛乳など、水分を含むものを数
滴たらすだけで、混みあいすぎたブールブランソース、オランデーズソース、
レモンカード、マヨネーズを、分離の危機から助け出すことができる。

脂質はエマルションになる

エマルションを作るには、液滴を作って脂質と水分を接触させる
が、液滴は脂質どうし、水分どうして仲間とつるむことで相手か
ら離れたがる。小さな液滴から始めて、熱を冷まし、乳化剤や安
定剤を加えることで、エマルションの寿命を延ばすことができる。

脂質の液滴は水分の邪魔をし、乳化が続いている限り、
液体にとろみをつける。

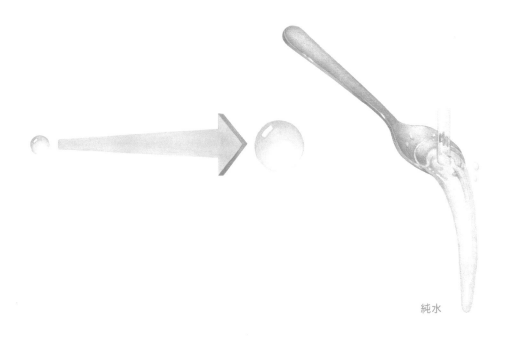

純水

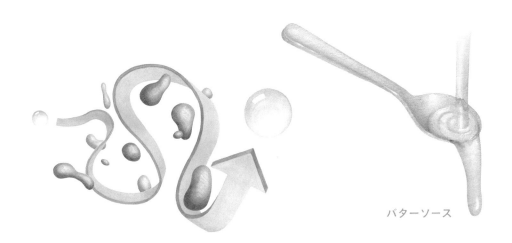

バターソース

チョコレートガナッシュ

乳化剤を加えることで、
カカオバターが乳化した状態が保たれる。

ピーナッツバター

挽いたピーナッツの炭水化物と
たんぱく質と、加えた乳化剤によって、
ピーナッツオイルが乳化した状態が保たれる。

グアカモーレ*

アボカド果肉の炭水化物によって
アボカドオイルの
乳化した状態が安定する。

＊メキシコ料理のひとつ。
アボカドのペースト。

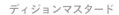

ディジョンマスタード

種の外皮の内側にあるたんぱく質と
炭水化物によってマスタードオイルが
乳化した状態が保たれる。

ラディッシュのグラッセ

バターの乳脂肪を
白ワインと混ぜたエマルション。

ワサビマヨネーズ

卵黄とワサビ粉のたんぱく質と
炭水化物によって
キャノーラ油の乳化した
状態が保たれる。

ブリオッシュ

たんぱく質と炭水化物によって、
バターの乳脂肪が
生地全体に均等に行きわたり
乳化した状態が保たれる。

脂質は乳化剤のはたらきをする
EMULSIFIERS

　油の液滴はまとまって水から逃げようとする。その計画の決定的な要となるのが、２つの液滴が出会って１つに結合する瞬間である。乳化剤はこの結合の邪魔をする。乳化剤はいわば脂質のお目付け役で、液滴どうしがみだりに近づきすぎるのを防ぐ。

　乳化剤の分子には、水を好む部分と水を嫌う部分がある。**乳化剤はハイブリッドであるおかげで乳化させるはたらきができる――水を好む部分は水とつき合い、油を好む部分は油に夢中になる。**その結果、できあがった液滴の表面にはバンパーが点在している。このバンパーにぶつかるので、液滴どうしがくっつかずにはじき返される。レシチンやコレステロールのような特殊な脂質が乳化剤としてはたらく例は、ニンニクや卵黄から乳製品や野菜ジュースまでいろいろなところに見られる。また、脂肪や油などのありふれた脂質由来の乳化剤もあり、これらが分解してかけらになり、水を嫌う部分と水を好む部分の組み合わせが露出するので、水の世界と油の世界の境界線をまたぐことができる。一度使った揚げ物用油には、数分間にわたってずっと加熱されたために小さく分解された脂質由来の乳化剤が詰まっている。この乳化剤が、水分を多く含む食べ物を油で調理中に、油の中にある無傷の脂質を手助けして食べ物に近づかせるため、新しい油よりも「使い回しの」油を使った方が食べ物に火がよく通り、きれいなきつね色になる。脂質のほかにも、たんぱく質を含む食品で乳化剤としても機能するものはたくさんある（たんぱく質の章を参照）。

　一般的には、食品に乳化剤を加えるのは乳化させようとする前がよい。そうすれば、ひとつひとつの液滴ができるとすぐに、自分専用のお目付け役の乳化剤をあてがわれることになるからだ。だからマヨネーズのレシピは普通卵黄から始まるし、ヴィネグレットソースのレシピはマスタードから、伝統

乳化剤は
いわば脂質のお目付け役で、
液滴どうしがみだりに
近づきすぎるのを防ぐ。

的なスペインのアイオリソースのレシピはつぶしたニンニクから始まる。し
かし、**既にできたエマルションに何らかの手助けが緊急に必要なときに乳化
剤を加えても、効果的な解決策にはなる。ただし、よく混ぜて、乳化剤が必
要なエマルションの全体に行きわたるようにする必要がある。**

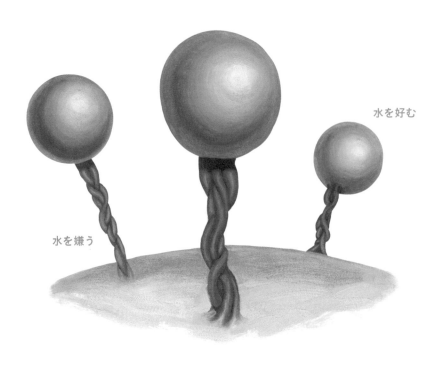

水を好む

水を嫌う

脂質は乳化剤のはたらきをする
乳化剤は水を好む部分と水を嫌う部分ででき
た分子である。

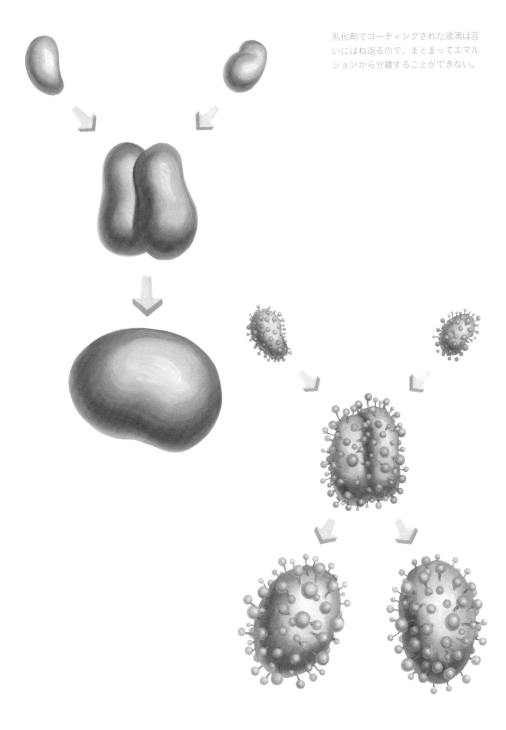

乳化剤でコーティングされた液滴は互いにはね返るので、まとまってエマルションから分離することができない。

焼いたニンニク

ココナッツ

これらはすべて脂質を含む。
この脂質が天然のエマルションになり、
食品中にある脂質由来の
乳化剤によって保たれる。

卵黄

アボカド

ピンクペッパー

マスタードパウダー

脂質は水を嫌うものを蓄える
STORAGE OF WATER-HATERS

　色や香りの多くは水を嫌う。ほとんどの食べ物は水分でできているので、色や香りは微妙な立場におかれることになり、しばしばそれらの化合物が無駄になったり、食べ物から完全に抜けてしまったりする。**脂質は色と香りにとっての安全な避難所のような役割をし、食べ物が口に届くまでのあいだ色と香りをそのまま保つ。**

　昔からあるシェフの格言に「油脂には風味がある」というものがある。味の化合物は一般に脂質よりも水分を好むので、この格言を嫌味ったらしく修正するならば「油脂には香りがある」ということになるだろう。香りの化合物のほとんどは脂質の中でのんびりするのが好きだ。だからカレーオイルはあってもカレーウォーターはないのだ。脂質のない食べ物はたいてい味気なく、かぐわしい香りもしないが、これは私たちが楽しめるほど香りが長持ちしないためである。無脂肪のクリームチーズはひどいものだ。ストックやブロスから脂肪をすべてすくいとりながら、パセリやタイムといった香りの食材を足すフランス料理のテクニックを教わる料理学校の生徒たちは、非常に相反するメッセージを受け取っている。その一方で日本のラーメン職人は、スープに脂肪をどっさり放り込み、焦がしニンニクと薬味の香りが快適に過ごせる場所を作ってやっている。

　だが、香りを快適にさせすぎるのも考えものである。**脂質過多の食べ物は香りをきつく閉じ込めすぎてしまうことがある**からだ。これでは、炭水化物が味と香りを縛るときのような効果が生まれてしまう——食べ物が口に入りそのまま喉を通っていってしまって、香りが鼻に抜けるチャンスがない、ということになりかねない。食べ物に脂質を加える作業は綱渡りのようなバランスを要する。脂質はある程度なら食べ物にかぐわしい匂いを吹き込めるが、入れすぎると空気中から（さらには、鼻から）香りを奪い始めてしまう。

脂質は水を嫌うものを蓄える

脂質は、多くの重要な香りや色、栄養素などの、食物中て水を嫌うものの保管場所の役割をすることができる。

クリームチーズ

無脂肪のクリームチーズは、
食感は通常のチーズに近くなるかもしれないが、
脂質がないことで、チーズがクリームの香りを
しっかりつかまえておくやり方が変わる。

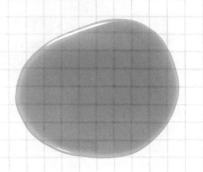

フェンネルオイル

明るい緑色はクロロフィル由来で、
クロロフィルはフェンネルの香りとともに
脂質に溶ける。

プロシュート

ナッツのような香りと肉のような
ファンキーな香りが、ハムにたっぷりある
脂肪の中に居ついている。

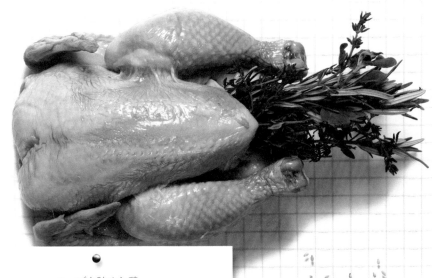

ハーブを詰めた鶏

ハーブから香りが移って鶏に香りをつける。
胸肉より、脂肪の多い皮やもも肉のほうが香りを閉じ込める。

炒ったゴマ

焼いたナッツや種子、
香辛料の香りは
天然のオイル貯蔵所に
保管されている。

レッドパームオイル

赤みがかったオレンジ色は、
ニンジンやサツマイモに含まれるのと同じ
カロテノイド由来で、
脂質と相性のよい色素である。

レモンの皮

柑橘類の果実の香りの大部分は、
外皮のオイル袋に保管されている。

脂質は溶けたり結晶化したりする
MELT + CRYSTALLIZE

　脂質は、熱を加えると溶け、温度を下げると結晶化する。温度をコントロールすることで、薄くはがれるような料理やぼろぼろ砕けやすい料理、重たい料理や軽い料理、クリーミーな料理や脂っこい料理を作ることができる。

　脂肪は食物中に最もよく見られる種類の脂質で、飽和脂肪と不飽和脂肪の２種類がある。**最大の違いは融点で、その違いは主に形の違いによって生じる。**脂肪の分子は棒のような形をしている。飽和脂肪はまっすぐな棒で、そのおかげでイワシのようにぴっちり詰められる。ぴっちり詰めることで、ラード、ダックファット［鴨脂］、カカオバターのような飽和脂肪は濃密で固くなり、不飽和脂肪に比べて溶かしてひきはがすために多くの熱が必要となる。不飽和脂肪は曲がったところやゆがんだところが肘のように突き出している。顔に肘を突き出してくる人と寄り添って踊るのは難しいのと同じ理屈で、不飽和脂肪は飽和脂肪に比べてぴっちり詰まっていない。このため魚油やオリーブオイル、キャノーラ油などは飽和脂肪に比べて溶けやすい。一般に「油」という語は、室温で液状である脂肪を指す。

　脂質は水や砂糖よりも複雑な形をしており、分子が異なる方向にぴたっとはまって数種類の形の結晶になる。**速く結晶化した脂質は、ゆっくり結晶化した脂質とは違う溶け方をする。**おいしいチョコレートは脂質の結晶のよい見本で、カカオバターは６種類の形の結晶になりうるが、私たちが一番楽しむのはそのうち５番目だ。これらの結晶のおかげで、チョコレートはつやつやでパキッと折りやすく、手の中ではなく口の中で溶けるようになる。この結晶を作るために私たちはチョコレートにテンパリングを行う。テンパリングとは一定のパターンでチョコレートの温度を変えることで、脂質が私たち好みの結晶の方向に落ち着くように踊らせたり位置を変えさせたりする工程だ。もしチョコレートがポケットで溶けて再度固まると、慎重に整えられた

複数の種類の結晶が
同時に存在すると
食べ物は脂っこく感じられる。

結晶が消えて、食感が変わってしまう。つやもパキッとした食感もなくなり、指でべったり溶けやすくなる。同じことがバターでも起こる。冷蔵庫から出して長く置きすぎたバターは、再び冷やしても硬くざらざらになってしまう。

　複数の種類の結晶が同時に存在すると食べ物は脂っこく感じられる。オリーブオイルやキャノーラ油の脂質は単一の種類の結晶を好む傾向があり単一の温度ですぐに溶ける。牛や豚の脂は複数の種類の結晶が混ざっているので、ある程度の範囲の温度で徐々に溶ける。固体から液体への急な移り変わりというよりも、その中間あたりの段階を通っていく。油脂の国を抜ける旅だ。

　脂質と水は嫌いあっているので、水に溶解する成分は食べ物の中の脂質のかたまりを通り抜けるのに苦労する。そのため食べ物の中のものの動き方をコントロールするのに脂質は役立つ。脂質は固さ次第で水を好むもののグループを部分的に分解することもできるし、完全に別れさせることもできる。特に、脂質でたんぱく質、とりわけグルテンをコントロールするための調理テクニックはたくさんある。グルテンは互いにつながって噛みごたえを出す網を作ることができるが、この能力を失わせればクロワッサンは薄くはがれやすく、パイ皮はぼろぼろ崩れやすく、ブリオッシュは柔らかくなる。この３つの食感の違いは脂質の分布のしかたによるものだ。固形の脂肪はクロワッサン生地の層のあいだやパイ皮生地の小石サイズの粒の周りにしっかりした境界線を作る。ブリオッシュ生地は液状の脂肪が生地全体に均等に分布して全体的に柔らかくする効果を出しているのが特徴だ。３つのどの場合も、密度さえちょうどよければ、どんな脂質を使ってもよい。オリーブオイルのクロワッサンやダックファットのブリオッシュも、固形のオリーブオイルを使って寒い部屋でクロワッサンを作り、ダックファットはブリオッシュ生地に加える前に溶かしてありさえすれば、まったく問題なく作れるはずだ。

脂質／溶けたり結晶化したりする　133

バター

テンパリングしたチョコレート

テンパリングしていないチョコレート

脂質は溶けたり結晶化したりする

結晶化した脂質は、結晶の方向や種類によって、
チョコレートのつやつやでパキッとした食感や、
バターの脂っこい食感を出すことができる。

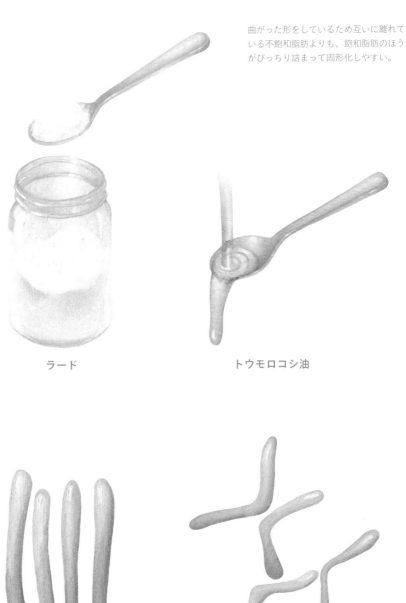

曲がった形をしているため互いに離れている不飽和脂肪よりも、飽和脂肪のほうがびっちり詰まって固形化しやすい。

ラード

トウモロコシ油

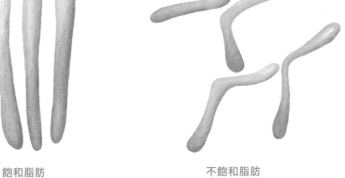

飽和脂肪

不飽和脂肪

デニッシュ

固形の脂質が生地の層のあいだに
均等に広がり、たんぱく質を引き離して
はがれやすい薄片にしている。

テンパリングしたチョコレート

脂質の結晶を特定の並び方にすることで、
手ではなく口の中に近い温度で溶ける
つやつやでパキッと折れる
チョコレートができる。

ココナッツオイル

室温では固体。

＊トウモロコシ粉の生地で肉などを包ん
　で蒸した中南米の料理

タマレ＊

溶かした脂質または柔らかくした脂質を
コーンミールに混ぜ、均一に分布させて、
炭水化物の網を壊して食感を柔らかくする。

バター

溶けたり柔らかくなったりしたバターは、
冷蔵庫に戻すと押し合った脂質が
そのまま結晶化してしまうので
粗くざらざらになる。

キャノーラ油

室温より涼しいときは固体。

脂質は蒸発せず高温になる
HIGH HEAT

　熱を食べ物に均等に移す一番いい方法は、食べ物を熱い液体に沈めることだ。キッチンでは、2種類のまったく異なる種類の液体が選べる。脂質と水である。水は多くの状況で見事なはたらきをするが、重大な限界がある——圧力鍋がなければ、約100℃よりも熱くなれないのだ。この沸点に達してしまうと、水分は熱と一緒に空中にどんどん逃げ出して、料理を冷ましてしまう。**脂質は異常なほど沸点が高いので、水よりもずっと高い温度で調理が可能である。**

　沸騰するためには空中に飛び出していけるほど軽くなくてはいけないが、脂肪や油は重い。重いので、沸騰する前に分解して燃える。熱い油の中に食べ物を沈めるのは、食べ物に熱を通し、水分を抜く最も速いやり方のひとつだ。だから、揚げ物用鍋から出てくるものはほぼすべて、カリカリのきれいなきつね色になっている。完全に沈めきっていなくても、脂質が熱を伝える仲介者のようなはたらきをして、熱を食べ物に取り次いでくれる。食べ物がいびつな形をしているときや、熱源が一定しないときに、これはとりわけ役に立つ。油がバケツリレーのように熱を手渡ししていくので、食べ物の表面に油がまわってさえいれば全体に熱がまわっていくようになっている。きのこやピーマンのようないびつな形の食べ物を焼くために刷毛で油を塗ったり、平鍋に薄く脂肪を引いて、長方形の魚の切り身や鶏むね肉、牛バラ肉の表面を焼いたりすると、食材に均等に火が通る。

　私たちが調理の材料として使用する脂質は、すべて水よりも沸点が高い。高温での調理にはどれを使ってもよいことになっているが、牛脂やココナッツオイルのような飽和脂肪にはさらなる利点がある。高熱に長時間耐えることができるのだ。**数百度の温度で数分から数時間を過ごすのは負担の大きい経験で、繊細な不飽和脂肪は分解して燃えてしまい、刺激臭がして色が悪く**

脂質が熱を伝える
仲介者のようなはたらきをして、
熱を食べ物に
取り次いでくれる。

なりがちである。テレビでやっていることは真似しないほうがいい——40ド
ルもするエクストラバージンオリーブオイルで海老を揚げたりしてはいけな
・い。エクストラバージンオリーブオイルには不飽和脂肪に加えて、オリーブ
を圧搾したときに残った様々な香り豊かで熱に弱い分子が含まれているので、
高温での調理にオリーブオイルを使わなくてはならないなら、精製したオ
リーブオイルにしておこう。

　高温での調理に脂質が水よりも向いているのは、脂質のほうが水よりも高
温に達することができるからだ。興味深いことに、脂質は低温で調理すると
きにも、繊細な食べ物に対して水よりも優しい。これは、同じ温度なら水の
ほうが脂質よりもより多く熱を蓄え、より速く熱を伝えるからだ。つまり、
70℃のお湯が入った鍋と70℃の油が入った鍋があったら、お湯の鍋のほう
が食べ物に速く火が通るということだ。**水は脂質に比べて熱を蓄えるための
ポケットが深く、熱と食べ物のあいだのパイプラインは、水を通すときより
も脂質を通すときのほうが狭い。**非常に繊細な食べ物の場合、これを利用し
てとても優雅なことができる。ロブスターを低温のバターで軽く茹でるとい
う（フレンチ・ランドリー［カリフォルニア州にあるミシュラン三ツ星レストラン。
トーマス・ケラー（「はじめに」参照）がシェフを務める］で有名になった）テク
ニックは、贅沢でもあり、優れたものでもある。純水に比べると、バターは
熱をほんの少しずつゆっくりとロブスターに伝えるので、同じ温度の水を使
うよりもじっくり火が通る。鴨のコンフィの調理にも同じ思考過程が関わっ
てくる。目的は鴨の脚肉を、鴨自身の脂で、低温でゆっくりと、ほろほろ崩
れるくらいまで煮ることである。ダックファットの低温鍋ほど低温かつゆっ
くりなものはそうそうない。

　油は食べ物の調理が終わっても消滅したりしないので、料理を出す状況も

油は食べ物の調理が終わっても
消滅したりしないので、
料理を出す状況も心に留めておこう。

心に留めておこう。フレンチフライはピーナッツオイルではなく牛脂で調理
して、より複雑な風味を求めてもよいが、その場合のフレンチフライは熱々
の状態で出すべきだ。キャノーラ油で揚げたべちゃべちゃのフレンチフライ
は理想的ではないものの、少なくとも我慢はできる。だが、固まった牛の飽
和脂肪をまとったべちゃべちゃのフレンチフライは食べられたものではない。

脂質は蒸発せず高温になる

脂質は沸点が高く水よりもずっと高温まで熱する
ことができるため、分子が空気中へ逃げて食べ物
から熱を奪っていくのを防ぐことができる。

グリルドチーズサンドイッチ

マヨネーズの脂質が熱を伝導し、
水分を蒸発させて、
表面がカリカリのきつね色に
こんがり焼ける。

サーモンのバター煮

バターの脂質があるため、
湯を使うよりも
低い温度でゆるやかに熱が伝わり、
ゆっくり火を通すことができる。

焼きズッキーニ

表面に油を塗るので、
焼いているあいだに
熱のあたり方にむらがあっても、
それを補うことができる。

炙ったティラピア

調理用油の脂質のおかげで
高熱での調理ができ、
中に火が通りすぎないうちに
外側を褐変させることが
できる。

鴨のコンフィ

ダックファットの脂質で、
熱がゆるやかに伝わる。

ブリオッシュのロールパン

脂質があるため均等に褐変しやすい。

ポテトチップス

脂質があるためチップスを熱して
水分を素早く取り除き、
最大限にバリバリにすることができる。

脂質は分解により風味を出す
BREAKDOWN

　油脂の脂質の大部分は風味を持たない。重たすぎて鼻に抜けていくことも
ないので、香りはほとんどない。また水にも溶けないので、味は、仮にあっ
たとしても大変少ない。だが、分解してかけらになった脂質は、最もにおい
の強い成分である。

　食べ物の幅広い香りのうちの一部は、糖類、たんぱく質、炭水化物の分解
に由来するものだが、脂質はその分解のしかたのせいで、間違いなく最もに
おいが強い。脂質は酵素や熱、酸素、光、さらにはミネラルの存在にさえも
餌食にされる。これらが脂質を揺さぶり、切りつけ、燃やし、粉々に分解す
るのだ。分解したそれぞれのかけらが自分の香りを持っていて、一緒になる
と個々の部分がたくさん集まって風味のモザイク画を作る。**無臭の砂糖のカ
ラメル化と同じように、脂質の分解は、比較的風味のない状態から始まって、
驚くべき複雑さを披露する。**

　脂質の分解に関しては、少ないほうが嬉しいことが多い。濃度が低ければ、
脂質のかけらは素晴らしくよいにおいだ——ヘーゼルナッツ、ラベンダー、
キュウリ、ドライアプリコット、バター、パイナップル、その他果物やナッ
ツや草のような香りを作り出す。濃度が高いと、ひどくいやなにおいになる。
脂質の分解が手に負えないほど多くなると、生臭くて腐ったような、よどん
だ臭気がたくさん出る。

　短くずんぐりした脂質分子でできた飽和脂肪はその点とても優れている。
赤身の肉、乳製品の脂肪、そしてラードは、どれも結構な量の短い飽和脂肪
の分子を含んでいる。こうしたがっしりした分子はゆっくりと分解し、かぐ
わしいかけらを、一気にではなくほんの少しずつこぼしていく。熟成した赤
身肉、塩漬けハム、熟成チーズは、コントロールされた脂質の分解とともに
訪れる、ナッツのような嬉しいにおいのかたまりである。

分解してかけらになった脂質は、
最もにおいの強い成分である。

　脂質の中には、ほかよりも繊細なものがある。不飽和脂肪を溶けやすくす
る曲がった部分が不飽和脂肪の弱点でもある。脂質のアキレス腱であり、攻
撃に弱いのだ。光や熱、その他の扇動者はこの弱点を利用して、不飽和脂肪
をポキッと折って砕く。脂質の分子が長くて不飽和であればあるほど攻撃に
弱く、この変化がより広範に起こる。魚介類に見られる海洋脂質は世にある
中でも最も長く、最も脆弱な脂質のうちに入る。そのせいもあって、海産物
は新鮮で塩味のきいたおいしい状態から嫌になるほど生臭い状態に、あっと
いう間に変化してしまう。海洋脂質はたやすく分解するので、脂質の出どこ
ろにかかわらず、私たちは、手に負えないほど増えた脂質の酸化と海産物の
においを結びつけてしまいがちである。結局のところ、脂質を多く含むもの
はすべて魚のような生臭いにおいになるからだ。
　**私たちが脂っこいと思っている食べ物だけでなく、すべての食べ物に脂質
は含まれる。**メロンやキュウリ、トマトの香りも脂質の分解に由来するもの
だし、その分子の多くは、新鮮なサーモンを草のような青くさいにおいにす
る分子でもある。柑橘類の果物、ハーブ、香辛料、コーヒー、その他かぐわ
しい香りがする植物由来の食べ物の強烈な香りは、精油によるものである。
力強く香る脂質のかけらがカクテルのように混ざって、油の微細な貯蔵庫に
溶け、これらの植物の果実、種、葉、根に蓄えられている。それをすりおろ
したり、すりつぶしたり、押しつぶしたりすることでこの貯蔵庫の錠を開き、
めくるめく多種多様な香りとたわむれることができる。

無傷の脂質

脂質は分解により風味を出す

脂質が分解するとき、花や果物のようないい香りから
我慢できないほど生臭く段ボールのようにカビくさい
においまで、様々な香りがめまぐるしく生まれる。

ピーカンナッツ

不飽和の堅果油がすぐに
酸敗臭を発するようになり、
段ボールのような
カビくさい香りになる。

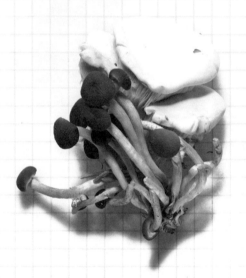

きのこ

きのこの特徴的な
においは脂質由来の
香りによるものである。

サーモン

キュウリ

新鮮なサーモンは
キュウリやメロンのような
においがするが、
脂質の分解が
手に負えないほど
増えると生臭くなる。

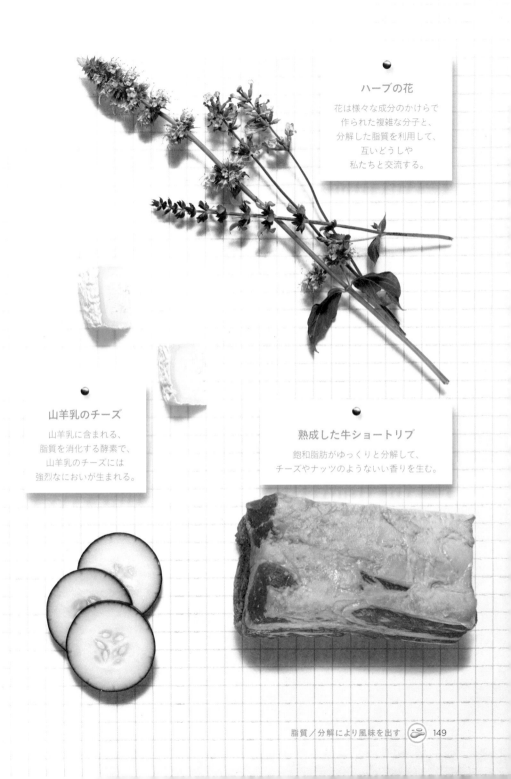

ハーブの花

花は様々な成分のかけらで
作られた複雑な分子と、
分解した脂質を利用して、
互いどうしや
私たちと交流する。

山羊乳のチーズ

山羊乳に含まれる、
脂質を消化する酵素で、
山羊乳のチーズには
強烈なにおいが生まれる。

熟成した牛ショートリブ

飽和脂肪がゆっくりと分解して、
チーズやナッツのようないい香りを生む。

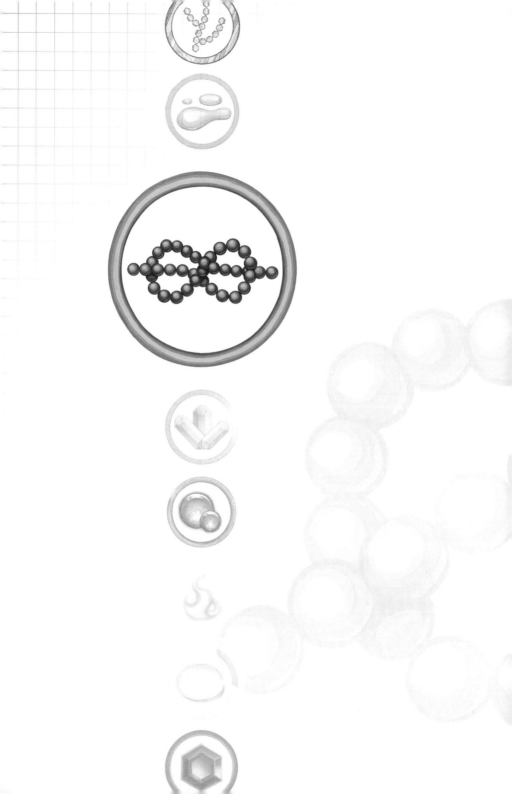

たんぱく質 PROTEINS

たんぱく質はアミノ酸という小さくて味のある粒でできた鎖で、この点で炭水化物が糖類でできているのと似ている。炭水化物の鎖はあてもなく動き回るが、たんぱく質の鎖は折りたたまれた形になっていて、活性化すると元気になる。たんぱく質は、わかりやすいもの——卵、パン、肉、チーズ——から、びっくりするようなもの——リンゴ、ビール、タマネギ、醤油——まで、あらゆるもので重要な役割を果たしている。以下の基本的なルールを考察すると、たんぱく質が食べ物の中でしているはたらきが理解できる。

・ **折り目が開いて、凝固**する。
・ 水と結びついて**溶解**する。
・ 糖類と反応して**食べ物を褐変させる**。
・ **乳化剤**としてはたらく。
・ **酵素**として作用する。
・ 風味豊かなかけらに**分解する**。

たんぱく質は折り目が開いて、凝固する
UNFOLDING + COAGULATING

　たんぱく質は長い鎖でできている。この鎖をなしているのはアミノ酸とい
う、様々な形と大きさの、小さな分子だ。この鎖は折り紙のように折りたた
まれて、構造上の支えになったり筋肉を動かしたりといった、あらゆるはた
らきをするたんぱく質になる。アミノ酸はおよそ20種類で、アルファベット
の文字のように機能する。文字を並べる順番によって書きあがる単語が左右
されるように、アミノ酸の順番によって、たんぱく質の形が決まる。たんぱ
く質のはたらきのほとんどはその形に由来し、通常、形は単純な理由で決ま
る。**水を好むアミノ酸と水を嫌うアミノ酸があるのだ。**好きなようにしてい
いならば、水を嫌うアミノ酸は脂質のように仲間でまとまり、できるだけ水
と接触するアミノ酸が少なくなるようにするだろう。しかし、たんぱく質の
鎖に閉じ込められているので別の計画を考えなくてはならない。そこで、水
を嫌うアミノ酸はたんぱく質の鎖全体を丸く縮こまらせてひとつのかたまり
にする。水を嫌うアミノ酸が並びを管理し、水を好むアミノ酸をかたまりの
外側にし、水を嫌うアミノ酸はすべて内側に隠れていられるようにする。

　ほとんどのたんぱく質は、はじめはきちんとまとまった小包のようなかた
まりである。調理テクニックの中には、この繊細な包みをそのままに保とう
と努めるものもあれば、熱やpHの変化、塩、あるいは物理的な攪拌でその構
造を崩すものもある。食べ物を泡立てたり切り刻んだり、こねたり茹でたり、
焼いたり揚げたり、マリネにしたり塩漬けにしたり、乾燥させたりするとき、
私たちはたんぱく質の形を変えているのだ。たんぱく質の折り目が開くと中
にいる水を嫌うアミノ酸が部分的に露出し、そこはパニックになる。近場の
隠れ場所に身を隠すが、多くの場合それは近くにいるほかのたんぱく質の露
出した部分で、そちらもパニックになっている。凝固はたんぱく質どうしが
くっつくときに起こる。折り目の開き方により凝固のしかたも変わる。

食べ物を泡立てたり切り刻んだり、こねたり
茹でたり、焼いたり揚げたり、マリネにしたり
塩漬けにしたり、乾燥させたりするとき、
私たちはたんぱく質の形を変えているのだ。

　凝固はオンとオフが切り替えられるスイッチのようなものではない。**たんぱく質は居心地が悪くなると、きっちり折りたたまれた状態から、だらんと開いた状態へ、さらに互いにつながったゲル状へ、そして濃厚でざらついたカード〔凝固物〕状へと変化していく。**自然に折りたたまれたたんぱく質は液体にとろみをつけることはできるが、ほんの少しだけだ。生の卵黄をソースに入れてもあまり変わらないし、未処理の豆乳にはあまりとろみがない。折り目が開き始めたたんぱく質はより多くの空間を占めるようになる。ほどけたたんぱく質は水分の通り道の障害物としては大きい方なので、絹ごし豆腐や加熱したエッグソース、クレームフレーシュ〔生クリームを乳酸発酵させた濃厚で酸味のあるクリーム〕、とろとろの煮込み料理にベルベットのような食感が生まれる。攪拌や加熱や塩漬け保存を続けると、たんぱく質が重なり合って融合し始め、水分を閉じ込める檻を作りゲルを形成する。ここからカスタードやセビーチェ〔ペルー料理。魚介のマリネ〕、パン生地、メレンゲ、ジェロー〔アメリカのゼリー商品〕が作れるのだ。変化が進みすぎると、たんぱく質の網が倒壊し、水分が絞り出されて粒状のカードができる。これはスクランブルエッグやチーズカードの場合は嬉しいことだし、ゆるいメレンゲや火を通しすぎた肉、ぼそぼそしたキッシュなら失敗のしるしになる。
　たんぱく質はカリカリした食感を出すのにも役立つ。炭水化物と同様に、水分を抜くととても効果的にほかの成分を閉じ込め、ガラス状態の構造を作る。たんぱく質が豊富な動物の皮から水分を抜くと、ポークラインズ〔豚の皮を揚げたスナック菓子〕やカリカリのチキン、鴨、魚ができる。バゲットの皮から揚げ物用のパン粉まで、あらゆるものにカリカリサクサクの食感が出せるのも、グルテンがでんぷんに手を貸しているからだ。乳たんぱく質を多く含んだまじりけのないチーズでパリパリのチップスを作ることだってできる。

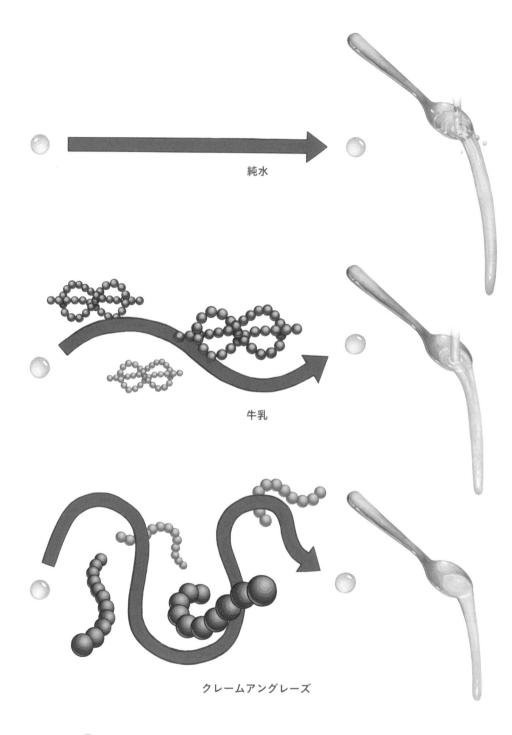

純水

牛乳

クレームアングレーズ

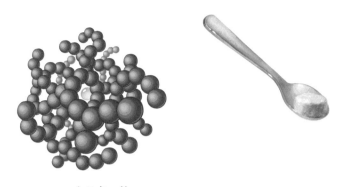

カスタード

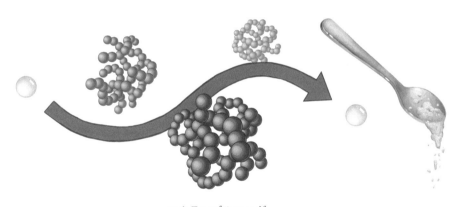

スクランブルエッグ

たんぱく質は折り目が開いて、凝固する

たんぱく質は水の邪魔をして液体にとろみをつける。折り目がわず
かに開いているときのほうが、より効果が高まり、水分を完全に閉
じ込めてゲルを形成することもできる。過度に圧力がかかるとゲル
の網が崩れて、固く締まってぼそぼそした、たんぱく質の玉になる。

ハンバーグステーキ

挽いて加熱することで
たんぱく質の折り目が開き、
固まってゲルになる。

チーズクリスプ

水分に対する
たんぱく質の割合が高ければ、
カリカリのガラス状態になる。

ホタテのセビーチェ

酸を利用して
たんぱく質の折り目を開き、
凝固させることができる。

鴨のパテ

パン粉

モッツァレラ

たんぱく質は水と結びついて溶解する
DISSOLVING

　たんぱく質は炭水化物と同じように水を引きつけて溶解することができるが、**糖類やミネラルほどではない。**たんぱく質の構造上、水分は鎖のひとつひとつの粒を完全に取り囲むのではなく、鎖の周りにくっつくだけである。このため、ひとつひとつのたんぱく質がとらえることができる水分子の数は限られる。

　たんぱく質が水をとらえておく力は比較的弱いが、それでも状況によっては、水分の凍結や蒸発、微生物の増殖を防ぐために重要である。アイスクリームやシャーベットに卵黄や卵白を加えることで、水分がじゃりじゃりの氷の結晶にならずに済む。蒸し煮にした肉を何時間も温め続けても乾燥しないのは、溶解したゼラチンのおかげで水分が飛びにくくなっているからという面もある。チーズの乳たんぱく質、熟成させたシャルキュトリ［主に豚肉を用いた加工食品］の肉のたんぱく質、さらには発酵させた豆腐［腐乳など］の大豆たんぱく質も、何年も熟成させた製品であっても水分を保つ。エナジーバーや干し肉のジャーキーはたんぱく質が濃縮されているので微生物を寄せつけにくいが、たんぱく質は水分を縛りつけておく力が弱い。そのため、エナジーバーはたいてい砂糖まみれだし、ジャーキーは塩分を強くしてあって、［砂糖や塩が］水分を微生物から遠ざける戦いの援軍となっている。

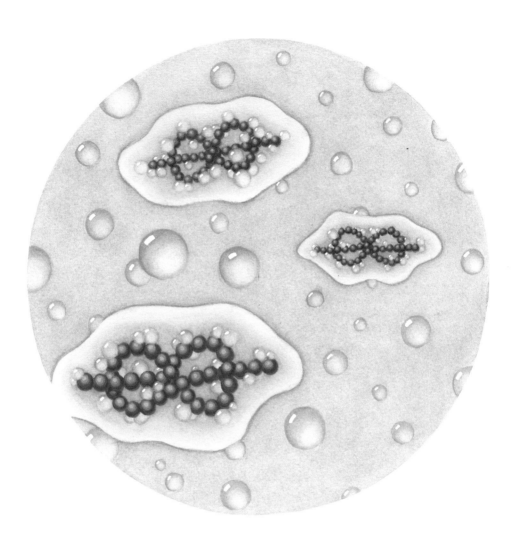

たんぱく質は水と結びついて溶解する

たんぱく質は糖類やミネラルほどには水分を縛りつける効果はないが、
水分を保ち、凍結や微生物の増殖を防ぐために重要な貢献をしている。

熟成ミモレットチーズ

糖類やミネラルの力を借りた
たんぱく質のおかげで、
何年も熟成させた後でも、
水分がいくらか残っている。

プロテインバー

————

粉ミルク

粉末にしたたんぱく質が
水分を縛りつけて、
長期保存できる食べ物になる。

ビーツシャーベット

卵白を加えて、
水分が結晶化するのを防ぎ、
じゃりじゃりに
ならないようにしてある。

バーベキューポークリブ

べたべたのグレーズ部分の
溶けたゼラチンが水分を保つ。

ジャーキースティック

糖分やミネラルに加え、
たんぱく質の水分を
とらえる力のおかげで
干し肉の保存ができる。

たんぱく質は食べ物を褐色にする
BROWNING

　糖類の章で、カラメル化とメイラード褐変反応という2種類の褐色化について論じた。カラメル化はまじりけのない糖類を熱して爆発させ、おいしいかけらにすることで起こる。こうするためには、熱をたくさん加えなければならない。メイラード褐変反応は混合物にたんぱく質を加えることでこの過程を活性化させるため、必要な熱が少なくて済む。

　糖類は成分の中でもかなり安定しているほうに入る。糖類を粉砕してカラメル化させ、私たち好みの複雑な味のする破片にするには、熱をたくさん加えなければならない。**たんぱく質は、糖類をばらばらにほぐして爆発させ、その爆発に自分自身も加わることで、複雑な風味を出す手助けをする。**たんぱく質は糖類の爆弾に点火する導火線である。ひとたび糖類が分解し始めると、たんぱく質もそのパーティーに加わり、たんぱく質自身の分解で出たくずで風味の層を重ねていく。たんぱく質の構成要素であるアミノ酸は、たんぱく質の種類ごとに組み合わせがわずかに異なり、たんぱく質が分解されるとそれぞれ異なる形や大きさのアミノ酸になる。メイラード褐変反応の基本スターターセットとも呼ぶべきこの糖類とたんぱく質の組み合わせによって、褐色化したトースト、コーヒー、肉、チョコレート、野菜は、だいたい共通してローストしたような風味が出る。一方、それぞれの食べ物の構成に微妙な差異があることで、それぞれ異なる風味のトップノートが香る。

　たんぱく質のもととなるアミノ酸のメイラード褐変反応に対する貢献は、実はたんぱく質そのものよりもずっと大きい。炭水化物の鎖が分解して反応を起こす糖類を生む（炭水化物の章を参照）のと同じように、たんぱく質の破片には、褐色化のプロセスに点火する反応を起こす露出した「導火線」が、分解していないたんぱく質よりも多い。

　メイラード褐変反応が実際に始まる温度は、たんぱく質やアミノ酸の種類

たんぱく質の破片には、
褐色化のプロセスに点火する反応を起こす
露出した「導火線」が、
分解していないたんぱく質よりも多い。

にかかわらず決まっていない。しかし、ステーキやパン、ニンジン、きのこ
といった食べ物の場合、内部の水気を保っておくため、あるいはジューシー
にしておくために素早く褐変させようと思うと、100℃を超える温度にする
必要がある。食べ物の水分が抜けきらないうちに食べ物を褐変させようと急
ぐので、私たちはメイラード褐変反応といえばグリルやオーブン、揚げ物用
鍋をよく思い浮かべるが、反応自体はいろんなところで起こりうる。バルサ
ミコ酢は貯蔵室で褐変する。卵粉〔製菓や料理の材料に用いられる鶏卵を乾燥し
粉末にした食品〕や粉ミルクは冷蔵庫の中で褐変する。**どんな温度であっても、
食べ物の中のたんぱく質や糖類の一部にあるエネルギーだけで、メイラード
褐変反応する破片を作るのには十分だ。**メイラード褐変反応は確率の問題な
ので、冷蔵庫の温度では食べ物が褐変するのには数か月かかる。温度を上げ
ると、爆発したくてうずうずしている分子の数が増える。たんぱく質と糖類
が十分揃っていれば、あとは私たちにどれくらい待つ気があるかだけが問題
だ。

　熱を上げたり、たんぱく質やアミノ酸や糖類を加えたりする以外にも、pH
をいじることでメイラード褐変反応に変化を加えることができる。pHを上げ
る（食べ物をよりアルカリ性にする）と、たんぱく質の導火線がより速く燃え
るので、メイラード褐変反応が起こるのも早くなる。プレッツェルを苛性ア
ルカリ溶液に浸すのはこのためだし、重曹を加えることが焼き野菜や焼いた
肉の焼き色をより濃くする鍵になるのも同じ理由だ。

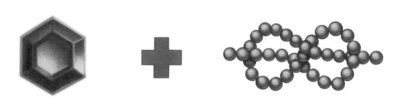

糖類＋たんぱく質＝メイラード褐変反応

たんぱく質は食べ物を褐色にする

たんぱく質は糖類と結びついて、メイラード褐変反応から生じる
味や香りや色の複雑な爆発に貢献する。たんぱく質と遊離したア
ミノ酸の破片のほうが、たんぱく質だけの場合よりもよく色づく。

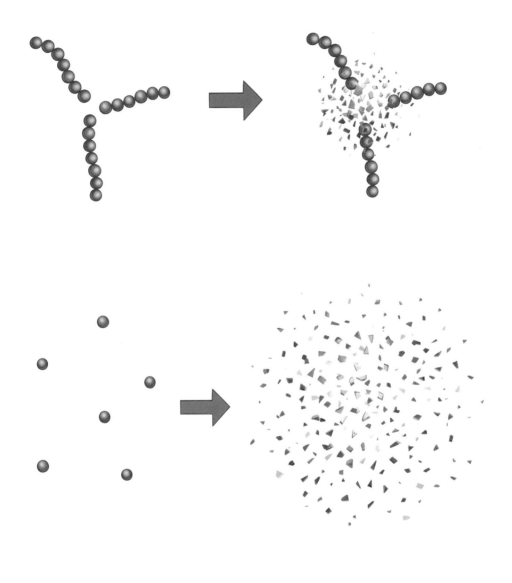

七面鳥の脚肉の燻製
_____

焼きホタテ

肉のたんぱく質が
メイラード褐変反応に
貢献する。

焼きタマネギ

タマネギのような野菜にも、
褐変できるだけの
たんぱく質が含まれる。

プレッツェルの丸パン

コーヒー豆

どちらもpHが
アルカリ性なので、
速く褐変する。

スモア*

チョコレートに含まれる
微量のたんぱく質が
カカオ豆を焙煎する際に褐変し、
グラハムクラッカーのグルテンが
焼いているあいだに褐変し、
マシュマロのゼラチンが
焚火で炙るときに褐変する。

＊焼きマシュマロをはさんだ、
キャンプで一般的なデザート

たんぱく質は乳化剤としてはたらく
EMULSIFIERS

　たんぱく質の鎖の折り目が開くとき、水を嫌う部分が露出してパニックを
起こし、水分との接触を避けられる場所を探し始める。凝固の場合には別の
たんぱく質にしがみついて助かる。ほかのたんぱく質が手近になければ、露
出してパニックになったたんぱく質は、最初に見つけた水でないものにくっ
つく。**追い込まれたたんぱく質は急場しのぎでどこかにくっつくが、その際
近くにある脂質の液滴の表面がしばしば一番の安らぎの場所となる。**

　脂質の乳化剤と同様に（炭水化物の章を参照）、たんぱく質も脂質の液滴の
表面をコーティングできる。たんぱく質は脂質の表面をくねくねと出入りし、
自らの水を好む部分も水を嫌う部分も居心地いいように調節する。コーティ
ングされた液滴は合体してひとつの大きな油膜にはならず、はじき合って離
れる。クリーミーなマヨネーズができるのは卵黄のたんぱく質が油を十分に
連れてくるからだ。油を加える前に卵を泡立て器でよく混ぜることで、たん
ぱく質の折り目が開き、脂質の液滴ひとつひとつをつかまえておけるように
する。オランデーズソースを作る前にも卵を温めておくことでさらに折り目
を開かせ、効果を高められる。ソーセージやパテを作る際にも肉のたんぱく
質に塩をして挽いておくと、食べ物の内部が折り目の開いたたんぱく質で満
たされ、脂質が均等に分布するようになる。脂質の章で、脂質がグルテンの
網の中で間隔をあけさせてブリオッシュやハラー［ユダヤ教で安息日に食べる
パン］のような脂肪分の多いパンを柔らかくする話をした。脂質とグルテン
の関係には、グルテンというたんぱく質が脂質の液滴をコーティングして互
いから均等に間隔をあけさせるので、比較的少量の生地の中に大量のバター
を練りこんでおいしさを増すことができるという観点もある。

　水を嫌うたんぱく質が困っているときに頼れる安全な隠れ家にはもうひと
つ、空気がある。気泡はほとんどがからっぽの空間なので、水が嫌いなら、こ

たんぱく質は、
脂質の液滴の表面に集まるように
泡の表面に群がる。

の空間は水分が多くて嫌な場所と違い、魅力的に見える。たんぱく質は、脂質の液滴の表面に集まるように泡の表面に群がる。たんぱく質が十分集まるとネットワークを作って泡を固定させ、安定した泡のかたまりを作る。カプチーノの泡のほうがミルクセーキの上の泡よりも長いことそのままのには、そういうわけもある——カプチーノのスチームミルクのほうがミルクセーキよりも折り目の開いたたんぱく質が多いのだ。泡立てたメレンゲ、ふわっと軽いチーズケーキやムース、チャバッタ［イタリアのパンの一種］にあいた巨大な穴、ポークラインズの外側の気泡はどれも、たんぱく質が気泡を長持ちさせることに手を貸しているからできているという面もある。

　このようなたんぱく質のはたらきには味と香りも中に包み込むという副作用がある。ばたばた動くたんぱく質の鎖は、べたべたの触角のようなはたらきをし、つかんだものをすべて深みに引きずり込む。バーベキューからゴーダチーズまであらゆるものにスモークの香りをつけておきたいときなどにはよいのだが、いきすぎると料理の風味を損なうこともある。炭水化物の鎖と同様に（炭水化物の章を参照）、たんぱく質にきつく縛られすぎた味や香りの化合物は、ちょうどいいタイミングで舌の上や鼻に抜けず食べ物の中にとどまってしまう。ちょうどいいタイミングが過ぎてしまうと食べ物はもう胃に収まったあとで、味や香りは存在を主張するチャンスを失う。つまり卵や乳製品、大豆、その他たんぱく質が多すぎると風味が弱くなってしまうのだ。だから作り始めの段階の材料は風味豊かなものを使い、少しくらい風味が弱くなっても、もちこたえられるようにするとよい。ブルーベリーピューレやレモン汁、ミックススパイスに十分な濃さがあれば、できあがったブルーベリーヨーグルトやレモンカード、スパイシーソーセージには、たんぱく質が味や香りを奪っていった後も、それぞれ独自の風味がしっかりついている。

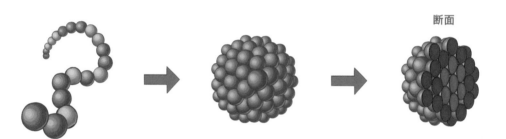

水を嫌うアミノ酸（緑）、水を好むアミノ酸（赤）

断面

たんぱく質は乳化剤としてはたらく

たんぱく質の鎖は折りたたまれて水を嫌うアミノ酸を内側に隠し、
水を好むアミノ酸を外側に出す形になる。

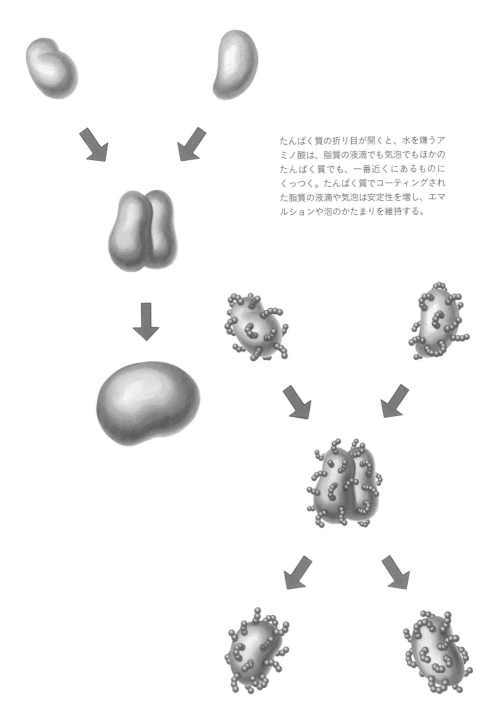

たんぱく質の折り目が開くと、水を嫌うアミノ酸は、脂質の液滴でも気泡でもほかのたんぱく質でも、一番近くにあるものにくっつく。たんぱく質でコーティングされた脂質の液滴や気泡は安定性を増し、エマルションや泡のかたまりを維持する。

フラン

卵と乳製品のたんぱく質が
カスタードをなめらかで
クリーミーな状態に保つ。

ブラックベリーヨーグルト

乳製品のたんぱく質が
脂質と水分を懸濁(けんだく)させ、
ベリーの香りにしがみつく。

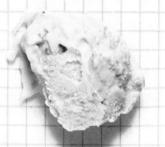

ピスタチオアイスクリーム

ピスタチオの味と香りが
乳製品と卵のたんぱく質によって
弱められている。

レモンカード

レモンの味と香りが
卵のたんぱく質によって
弱められている。
卵のたんぱく質は
バターの乳化状態を
保つはたらきもする。

スモークゴーダチーズ

たんぱく質と脂質が
燻製の香りを逃がさない。

ハーブ入りソーセージ

肉のたんぱく質が
ハーブの香りにしがみつき、
乳化状態を保つ。

ココナッツメレンゲ

卵のたんぱく質が
ココナッツの香りが放出
されるのを弱めたり、
ふわっと軽い構造を
維持したりする。

たんぱく質は酵素としてはたらく
ENZYMES

　たんぱく質の多くは足場として機能する——じっと動かずに土台になる。しかし、一部のたんぱく質は、活発化して、生命活動を可能にする複雑な職務を遂行する能力を持つ。**こうしたたんぱく質のミニロボットは酵素と呼ばれ、その正体と利用法を知っている料理人にとっては便利なツールである。**

　酵素は、成分の反応のために、顕微鏡でなければ見えないレベルのミザンプラス（下準備）を整え、その反応が起こるためのよい環境を作ってやるというはたらきをする。酵素は究極の分子仲介者だ。

　私たちの細胞の中で、そしてあらゆる生き物の細胞の中で、酵素はものを組み立てたり、また壊したりといった作業を担当している。これらは最も有用な酵素が食べ物の中で果たせるのと同じ役割である——酵素は「組み立て屋」か「壊し屋」のどちらかだ。

　「壊し屋」の酵素は顕微鏡でなければ見えないメスのようなはたらきをする。成分に狙いを定めて内側から細切れにして、驚くほど素晴らしい食感や味、香りを作り出せるようにしてくれる。

　この種の酵素は、たんぱく質や炭水化物を切り刻んでばらばらのアミノ酸と糖にすることができる。このアミノ酸と糖が、熟成肉やチーズ、醤油から、大麦の麦芽、パン、サツマイモまで、あらゆるものに、自然な味わいや甘さを出す。また、この種の酵素は脂質の分解もして、それがいい香りや、きつすぎる香りのもとになる。山羊乳のチーズを食べたことのある人ならわかるだろう。

　味と香り以外にも、炭水化物やたんぱく質のような大きな成分を分解すると、食感に甚大な影響がある。熟成肉や長時間発酵のパン生地は、硬い筋線維やグルテンがちょんちょん切られるので柔らかくなり、チーズは乳たんぱく質の骨格が消化されるのでべとべとになり、米や大豆のような硬くてでん

組み立てるにせよ壊すにせよ、
それぞれの酵素は
1種類の成分しか処理できない。

ぷん質の穀物や豆類は、時間が経過すると、ペースト状になって塗り広げられるようになる。

「組み立て屋」の酵素のほうはそこまで強烈な使用法を備えてはおらず、キッチンでは私たちはだいたいその活動を抑えようとしている。「組み立て屋」の酵素は収穫したエンドウマメの個々の糖類をでんぷんに変え、酸素などの気体を利用してリンゴやアボカド、茶葉、ジャガイモに茶色の色素を作り出し、コンブチャ［紅茶や緑茶に砂糖と菌株を加え発酵させた飲み物］や酢、納豆といった発酵食品中に炭水化物の分厚い束を作る。キッチンではあまり注意を引く存在ではないが、食品業界では組み立て屋の酵素を利用して大きな分子を大量生産している。キサンタンガムや、家畜肉の代替となるギルトフリーな［食べても罪悪感を持たずに済む、の意］たんぱく質の一部などはこうして作られている。

　組み立てるにせよ壊すにせよ、それぞれの酵素は1種類の成分しか処理できない。食品によっては、私たちが必要とする特定の酵素がもともと潜んでいて、私たちの命令を待っている。

　私たちが求める酵素が入っていない食品もある。そういう食品の場合は、酵素が豊富に含まれる食材と混ぜ合わせるか、微生物の助けを借りてゼロから酵素を作り出すかすればよい。トロピカルフルーツや加熱殺菌されていない乳製品、それに味噌は、たんぱく質を消化する酵素を豊富に含んでいるし、卵黄やサツマイモ、発芽させた穀物は、どれも炭水化物を分解する酵素をたくさん含む。こうした酵素を含む食品は、マリネやペースト、塩水から、バッター生地、パン生地、スープ、ソースまで、あらゆるものに加えることができる。

　酵素を利用した調理の鍵は、酵素の取り扱いを知っておくことである。ニ

酵素にできるだけ
はたらいてほしいときは、
やりやすくしてやる必要がある。

ンニクやタマネギの酵素にピリッと刺激の強い香りがたくさん出るようには
たらいてほしいときには、ニンニク片を粉砕したり、タマネギをみじん切り
にしたりして、細胞の檻からできるだけたくさんの酵素を外に出す。そうで
はなくて、ニンニクやタマネギを別の風味の下にある土台として使いたいと
きには、これらの酵素が行うはたらきを最小限にする必要がある。ラッキー
なことに、酵素はすべてたんぱく質なので、たんぱく質のルールに従う。つ
まり、**ある酵素に仕事を中止してほしいなら、やりにくくしてやる必要があ
るということだ**。やりにくくなった酵素は折り目が開き、折り目が開いた酵
素は機能しない。酵素の折り目を開くための作戦は、ほかのたんぱく質の場
合と同じである。熱する、ミネラルか砂糖をたくさん加える、pHを変える、
物理的にぶちのめす、のどれかだ。ニンニクやタマネギの場合は、皮をむい
たり切ったりする前に湯がく、塩をする、酢漬けにする、といったことがで
きる。こうすると、酵素が檻から出てきて香りで私たちの鼻をひりひりさせ
る前に、酵素を不活性化させられる。

　反対に、酵素にできるだけはたらいてほしいときは、やりやすくしてやる
必要がある。醸造、ワイン製造、チーズの熟成、味噌づくりは、何世紀にも
わたって洗練されてきた技巧である。こうした食品を作る職人は、酵素とそ
れを操る微生物にできるだけやりやすい環境を整えて最高の結果を得るため
の、温度、時間、pH、その他の変数の完璧な組み合わせを発見してきた。し
かし、そのパターンがわかっている現在では、伝統的なやり方にこだわる必
要はない。ある特定の酵素にやる気を出させるやり方とやる気を削ぐやり方
がわかっていれば、料理をするとき、その酵素を私たちの意図に従わせるこ
とができる。かつてブドウや牛乳、穀物に対して使っていた、酵素を働かせ
るテクニックを、ほかの食べ物に対しても応用することができる──たんぱ
く質を含むものなら事実上何であっても、味わいを爆発的に感じさせること

ができるし、でんぷんを含むものなら何でも、砂糖を加えなくても甘味を増すことができる。

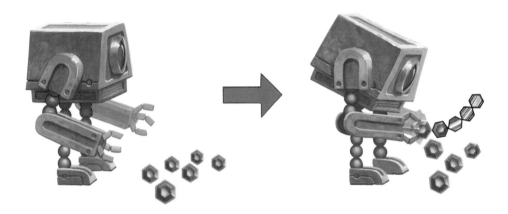

「組み立て屋」の酵素

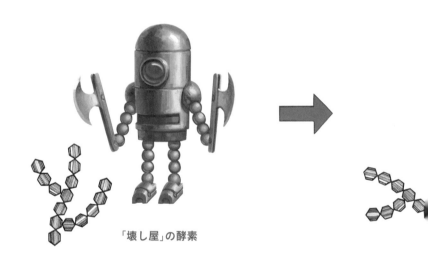

「壊し屋」の酵素

たんぱく質は酵素としてはたらく

キッチンで最も重要な酵素には分子を組み立てる
ものと、壊すものがある。

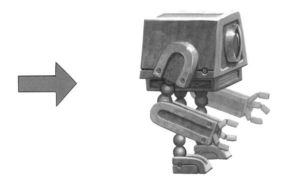

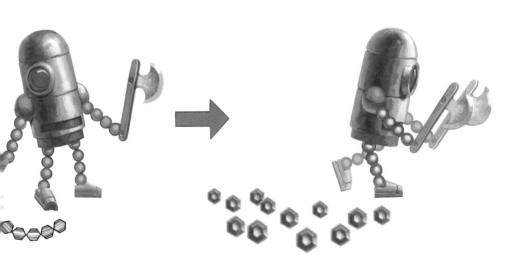

カマンベール

たんぱく質を
消化する酵素によって、
熟成するにつれて
チーズが柔らかく
べとべとになる。

バジル

葉に傷がつくと
酵素が活性化し、
酸素にさらされると
葉を褐変させる。

ニラ

ネギ属の香りは、
組織がつぶされたり
傷つけられたり
したときに
活性化する
酵素によって
生み出される。

パイナップル

トロピカルフルーツは
たんぱく質を消化する
酵素を持つ。
どのフルーツも、
香りを生む酵素を持つ。

パパイヤ

トロピカルフルーツは
たんぱく質を消化する
酵素を持つ。どのフルーツも、
香りを生む酵素を持つ。

紅茶の葉

バジルやジャガイモ、
アーティチョークやリンゴにある
ものと同じ褐変作用のある酵素が
葉を砕くことで活性化し、
紅茶の色が出る。

たんぱく質は分解し変化する
BREAKDOWN

　たんぱく質を使った調理はたんぱく質の鎖の制御が肝であり、それには鎖を分解してばらばらの粒にすることも含まれる。**たんぱく質を解体してばらばらのアミノ酸にすると、たんぱく質のふるまいはまったく違ったものになる。**

　鎖を分解すると、たんぱく質の構造を作る結合のしかたに影響が出る。アミノ酸はゲルを作ることができない。だからブリーのようなクリーミーなチーズは熟成が進むにつれてよりクリーミーになる。チーズの中の微生物が酵素を作ってたんぱく質を非常に小さいかけらに切り刻むので、そうしたたんぱく質の分解でチーズの足場が柔らかくなり、クリーミーな脂質と風味豊かなアミノ酸がそこらじゅうににじみ出る。同じ理屈で、固い豆腐も、時間をかけて発酵すると塗り広げられるようになる。

　分解していないたんぱく質は特に何の味もしない。しかし、たんぱく質を分解して小さなかけらにすると、甘味や酸味から、苦味、塩味、そして最も優勢なうま味まで、虹のようにとりどりの味が解き放たれる。また、糖が、分解していない炭水化物よりもよく水分をとらえるように、アミノ酸も分解していないたんぱく質よりも水分をよくとらえる。牡蠣やその他の海の生き物は、水分をとらえるアミノ酸を生きるための手段として利用している。海はミネラルの宝庫であり、その塩分が嫉妬深く水分をためこむ。牡蠣には水を通さない皮がないので、自分自身の糖やミネラルと一緒にアミノ酸を備蓄して水分をとらえ、海水の塩分のせいで乾ききってしまわないようにしている。この牡蠣と海による成分の軍拡競争は、私たちにとってはよい結果を生む。備蓄されたアミノ酸、糖類、ミネラルが、牡蠣をすみずみまで全部味つけしてくれるからだ。

　たんぱく質が分解した後の最もドラマチックな変化は、メイラード褐変反

たんぱく質を分解して小さなかけらにすると、
甘味や酸味から、苦味、塩味、
そして最も優勢なうま味まで、
虹のようにとりどりの味が解き放たれる。

応によって起こる。**アミノ酸はメイラード褐変反応において触媒として作用するたんぱく質の導火線の活性成分であるため、露出しているアミノ酸が多ければ多いほど、よく反応することになる。**長期熟成肉、パン、チーズ、調味料は、分解していないたんぱく質を有する食品よりもずっと均等に褐変する。分解したたんぱく質を多く含む食材を材料とする食べ物をマリネにすると、褐変反応が激しくなる。醤油やチーズ、魚醤、その他遊離したアミノ酸を多く含む食品を加えると、食べ物が褐変するスピードが速くなりすぎることもあり、そういうときには中まで火が通る前に外側が焦げてしまう。

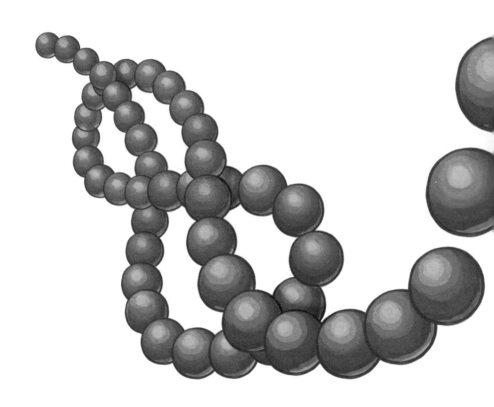

たんぱく質は分解し変化する

分解したたんぱく質のかけらは食べ物を柔らかく風味豊かにし、
水分をよくつかまえ、速く褐変する。

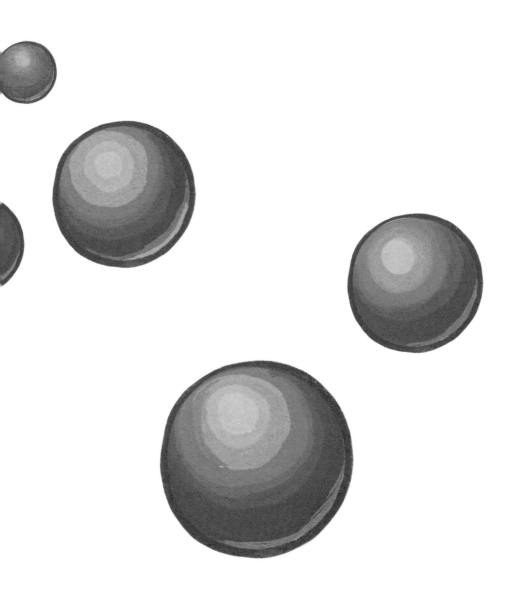

乾燥熟成した牛リブアイ
肉の酵素で
たんぱく質が分解されると、
風味、柔らかさが増し、
褐変が進む。

ドリトス

別々の食べ物由来の
分解したたんぱく質で
味つけすることで、
この世で一番風味豊かな
食べ物になる。

醤油

発酵しているあいだに
大豆たんぱく質が
分解することで
風味が増し、褐変が進む。

鰹節

鰹節の場合は、たんぱく質の分解とは異なり
ATP（アデノシン三リン酸）が、
カツオの死後イノシン酸に変化し、
うま味成分となる。

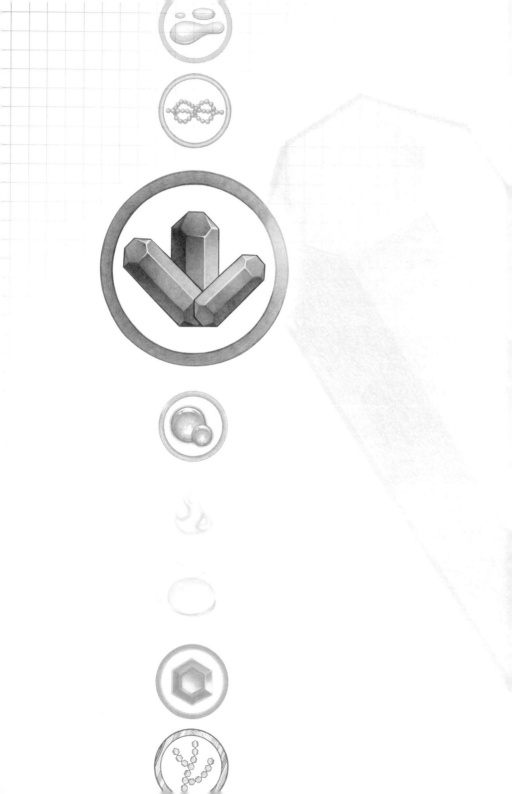

ミネラル　MINERALS

ミネラルは岩石である。私たちは岩石をたくさん口にしていることになるが、この岩石には塩味をつける以外にもたくさんのはたらきがある。ミネラルは発酵した野菜のパリパリした食感から生肉の色まで、あらゆるものに影響する。ミネラルは食物中の含有量はほかのどの成分よりも少ないものの、かなりのパンチがあり、食べ物に４つのかたちで影響を与える。

・**味**がある。
・**大きな分子をつかんでつなぐ。**
・水と結びついて**溶解**する。
・**色**を出す。

ミネラルには味がある
TASTE

　食塩——塩化ナトリウム——は、もちろん、塩辛い。食べ物の味のためには最も重要なミネラルだが、舌を喜ばせるミネラルはこれだけではない。

　ミネラルが口に入ると、味蕾（みらい）がそれをつかむ。**味蕾はつかんだミネラルを探って調べ、気がついたことを脳に伝える。**鉄分や銅は、鳥獣肉のような、臓物（ぞうもつ）のような、そしてちょっと血のような味がする。鉄分と銅はほかのミネラルと同様何にでも入っているが、特にレバーや心臓のような臓物、魚の切り身の血合い部分、野生の狩猟獣肉、赤身肉で濃度が高い。マグネシウムとカルシウムは一緒に含まれるほかのミネラル次第で、塩辛く、ほんの少し苦く、海のような味がする。この2つは灰色の海塩［セル・グリなどミネラルを含んだ塩は灰色がかって見える］や豆腐、海草、貝、その他たくさんのものに風味をつける。カリウムは苦い金属のような味がする。かつて、ナトリウムの代わりにカリウムを使って減塩ソーセージを作ればいい、と思いついた人がいた。だがこれはよいアイデアではなかった。食塩以外のミネラルは、ごく少量でないと味を楽しむことはできないのだ。

　ミネラルのにおいは私たちにはまったくわからない。においをかぐためには、それが鼻まで漂ってきて、嗅覚受容体へ届くことができなくてはならない。だがミネラルは漂ったりしない。ミネラルのにおいをかぐことはできないにもかかわらず、海風は塩辛いにおいがするし、血は鉄のようなにおいがする。こうしたにおいは私たちの記憶からくるものだ。海風をかぐと、昆布、ウニ、その他海中で生きて死んでいく、きついにおいのするもの由来の、脂質やその他の成分が腐敗したにおいがする。脳はこのにおいのカクテルを塩辛い海水の味と結びつけるので、私たちは「ああ、海の塩辛いにおいだ」と考えるのだ。同じようなことが血でも起こる。私たちは鉄のにおいをかぐこ

私たちの心は
こうした記憶を利用して、
香りに味の残響を添える。

とはできないが、脳は鳥獣肉の味や、子供の頃に歯が抜けて血が流れた経験
を呼び起こすことができる。私たちの心はこうした記憶を利用して、香りに
味の残響を添える。

　ミネラルは、記憶の中で引き起こす心理的な効果があるだけでなく、香り
に間接的だが物理的な貢献をすることもできる。ミネラルにはほかの成分、
とりわけ脂質と反応する能力があり、こうした相互作用で——たとえば残り
ものを温め直したときのにおいの中の鉄分が生むにおいもそれにあたるが
——脂質がきついにおいのするかけらに分解する。

ミネラルには味がある

ミネラルの種類ごとに異なる味が引き出される。豆腐のわ
ずかに苦いマグネシウムや、赤身肉の鉄くささ、ポテト
チップスの塩化ナトリウムのなじみ深い塩辛さなどだ。

豆腐

味蕾

ステーキ　　　　　　ポテトチップス

牡蠣

生存のために必要な塩分が
混ざり合って塩辛い味を生む。

ラムラック

鳥獣特有の鉄分由来の
強いにおいがする。

干した海草

昆布の表面の結晶は、
ミネラルのように見えるが、
マンニトールという
糖アルコールであり
味への影響はほぼない。

灰色の海塩

鉄分、マグネシウム、
カルシウム、
その他の
微量ミネラルで
色と風味が出る。

白い海塩

混じりけのない塩化ナトリウム

ソーセージ

低ナトリウムのものは、
食塩ではなく
苦い金属のような味がする
塩化カリウムを使用している。

豆腐

大豆たんぱく質を
凝固させるために
加える
塩化マグネシウム
由来の苦味がある。

ティラピアのフィレ

血合いの鉄分が鉄くささの原因になり、
また脂質の分解を引き起こして
魚くさいにおいを生む。

ミネラルは大きな分子をつかんでつなぐ
BINDING BIG MOLECULES

　炭水化物やたんぱく質は成分の中でも最も大きいので、ほかの成分よりも食感への影響が大きい。炭水化物とたんぱく質は、食べ物の構造を補強し、水を閉じ込める檻を作る鋼鉄の梁（はり）のような作用をするが、一部のミネラルはこの構造を接合する鋲（びょう）のはたらきをする。ミネラルは、船の船体につくフジツボのように炭水化物やたんぱく質の表面に引き寄せられてくっつく。**こういう巨大な成分にはどのミネラルもこびりつくが、炭水化物やたんぱく質の鎖を一度に2つ以上つかむことができるものもある。**カルシウム、マグネシウム、そしてアルミニウムは、どれも2本かそれ以上の「腕」がある。この腕で2本の鎖をつかみ、しっかり握りしめる。こうした連結部が十分あると、大きな分子を、ゲルになって水を閉じ込める網のような形に編み上げることができる。伝統的な食べ物も現代的な食べ物も多くのゲルはこの基本的な仕組みで固まる。豆腐、砂糖控えめのジャム、リコッタチーズから、球形にしたアルギン酸塩の真珠［アルギン酸ナトリウム水溶液を塩化カルシウム水溶液に滴下して作るゲルの粒］、卵を使わないカスタード、耐熱性のアイスクリームまで、すべてだ。ゲルが既にできている場合は、ミネラルを加えるとゲルを丈夫にするのに一役買うことができる。たとえば缶詰のホールトマトはカルシウムを加えて形を保っている。カルシウムがトマトの組織の中にある天然のペクチンゲルを丈夫にし、缶詰製造機械という地獄を耐える手助けをしている。

　ミネラルは、少量でも、大きな成分が食べ物の食感を変える手助けができるが、自分自身だけでできることはあまりない。ミネラルはとても小さいので、水に対しては大した障害物にならない。食べ物に塩だけでとろみをつけようと思うと大量の塩が必要になり、そのせいでどんな食べ物も食べられたものではなくなってしまうので、私たちはミネラルを、主役として前面に押し出すのではなく、食感のために舞台裏で使用する。

ミネラルは大きな分子をつかんでつなぐ

カルシウム、マグネシウム、銅、アルミニウムといった
ミネラルは炭水化物やたんぱく質をしっかり握りしめて
ゲルを作り、丈夫にすることができる。

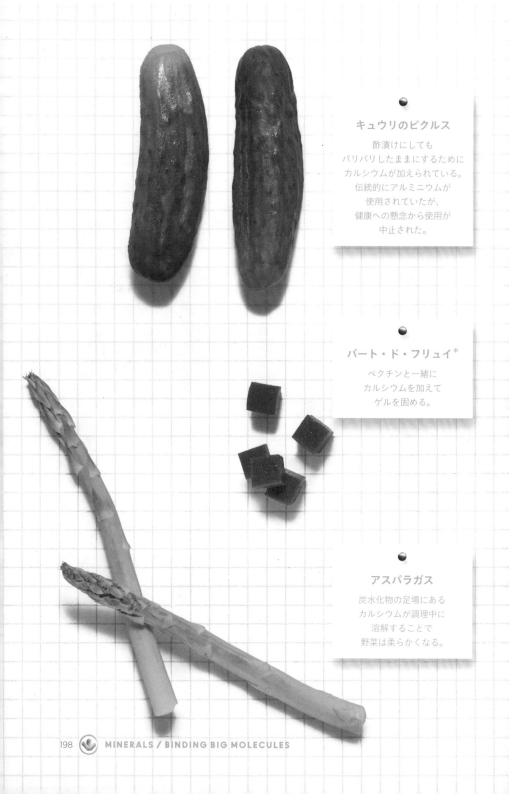

キュウリのピクルス
酢漬けにしても
パリパリしたままにするために
カルシウムが加えられている。
伝統的にアルミニウムが
使用されていたが、
健康への懸念から使用が
中止された。

パート・ド・フリュイ*
ペクチンと一緒に
カルシウムを加えて
ゲルを固める。

アスパラガス
炭水化物の足場にある
カルシウムが調理中に
溶解することで
野菜は柔らかくなる。

※フルーツピューレに砂糖を加え
ペクチンで固めたゼリー

豆腐

マグネシウムが
大豆たんぱく質を
つなげてゲルを作る。

プロセスチーズ

加工処理することで
乳たんぱく質のかたまりから
カルシウムが除去され、
なめらかに溶けやすい
チーズになる。

缶詰のトマト

缶詰のホールトマトは
カルシウムを加えることで、
高熱で缶詰処理するあいだにも
炭水化物の足場が
形を維持する
手助けをしている。

ミネラルは水と結びついて溶解する
DISSOLVING

　ミネラルは水に対して物理的にはあまり障害物にならないかもしれないが、糖類と同様に、ほかの成分よりもうまく水を引きつけておくことができる。水はミネラルの結晶を分解して個別の分子にする。個々のミネラル分子は水分子をとらえて従えるが、そうなると水分子は、凍ったり蒸発したり微生物の増殖を助けたりしにくくなる。

　ミネラルは、水分子が氷の結晶になろうとするのを止める、催眠術のような効果を持っている。冬場に歩道に塩をまいて凍結しないようにするのと同じ原理が食べ物にも当てはまるということだ。冷凍の海老や魚、鶏ささみ肉といった繊細な食品には、食感を保つため塩をたっぷり使ってあることが多い。溶けこんだ塩などのミネラルが、水分が大きな氷の結晶になって冷凍食品のもろい足場をつつき、引き裂き、ちぎってしまうのを防ぐからだ。

　食品から水分を除去して、保存したり食感を変えたりしたいなら、加塩と乾燥を組み合わせるのが最も効果的なアプローチだ。**塩やその他のミネラルを固形の食品に加えると、水分が表面に浮いてきて、ミネラルを溶かして、濃度の高い塩辛い液体を作り出す。**こうなってから、この塩辛い水分を食品からふき取り、食品を吊るして空気を循環させ、あるいは食品を熱して手早く乾燥させるとよい。塩が水分を食べ物の表面に引き出してくれるので、水分をさっとふき取ることができ、乾燥の過程全体を速く進めることができる。だから塩漬けのサーモンやジャーキーから、塩漬けの卵黄やボッタルガ［イタリアのカラスミ］まで、どれも徹底的な加塩から始まるのだ。

　ただし、食品を塩気の強い液体の中にあまり長時間入れておくと、その過程で水分が反対に戻ってしまう可能性がある。表面に浮いてくる水分が増えれば増えるほど塩がどんどん薄められていき、そのうちに食べ物の内側と外側で塩分濃度がほぼ同じになる。こうなると食品の内側にある塩分には失っ

た水分を引きつける可能性が生まれ、水分は内部へと帰還し始める。この現象が起こると食品を適切に乾燥させることは難しくなるかもしれないが、これを私たちの都合のいいように活用して、驚くほどジューシーな食品を生み出すこともできる。

　塩水は、七面鳥、ポークチョップ、または鱈の切り身などに浸みこむと、そこにとどまる傾向があるため、調理中や高温保存中にも肉が完全に乾ききってしまわずにすむ。**溶けこんだ塩などのミネラルにはカリスマ的な引きつける魅力があって、水分がそわそわと蒸発していってしまわないようにする。**このアプローチは、イベントやビュッフェ、大規模な家族のディナーなど、食べ物が長時間にわたり出しっぱなしにされる場所では広く使われているが、食べ物をもっとジューシーにしたい状況なら、どんな場合にも応用することができる。表面に乾いた塩をする方法でも最終的にはそうできるが、塩水を使用するやり方のほうがずっと手っ取り早いだろう。塩水を使うと、食品に使う前にミネラルを（そして場合によっては糖類［砂糖］を）水に溶かしておくことで、希釈された塩辛い水分が食品の内部へ引き込まれる瞬間まで、途中の過程を飛ばしてたどり着くことができるからだ。ただし1つ注意しておかなければいけないことがあり、肉が吸った余分な水分で肉はジューシーになるだろうが、この水分のせいで肉の味や香りも薄まる。工場飼育された味気のない肉や家禽類や魚介類を使って料理をする際には、塩水に漬けるやり方をすると、ジューシーな食感か、それとも風味豊かな味と香りか、という選択をすることになるかもしれない。

　海の上で孤立した船乗りたちは、塩辛い海水は飲むのに適さないと知っていた──「あたり一面に水があり／一滴たりとも飲むことはできない」［イギリスの詩人S. T. コールリッジの詩「老水夫行」からの引用］。もし微生物に文字が

塩のようなミネラルが
高い濃度で含まれていると、
食品に微生物が
繁殖できなくなる。

読めたなら、コールリッジのこの一節にきっと共感することだろう。塩のよ
うなミネラルが高い濃度で含まれていると、食品に微生物が繁殖できなくな
る。塩漬けのケイパーやオリーブ、レモン、魚、肉、チーズ、その他私たち
が保存したいもの何についても、これが鍵だ。塩のようなミネラルをしっか
り加えれば、どんな食品でも永久不変にできる。問題は、いい塩加減か塩辛
すぎるかということだけだ。

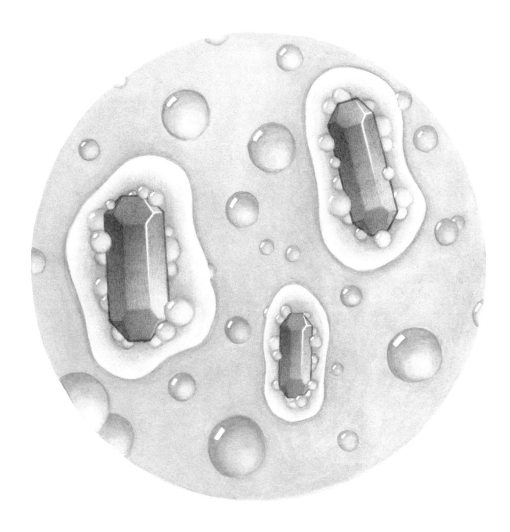

ミネラルは水と結びついて溶解する

水をつかまえることに関しては、ミネラルは糖類と並び最も効果的な成分である。私たちはミネラルを利用して、調理中に食べ物からの蒸発をコントロールしたり、食べ物が冷凍中に氷の結晶で損傷しないようにしたり、微生物の増殖を抑えたりする。

キャビア

卵を保存するために加えた塩で
内部の水分も保持されるので、
張りが失われない。

塩漬けレモン
———
梅干し
———
ケイパーベリー

果実を塩漬けにすると、酵母よりも
乳酸菌（塩への耐性が酵母より強い）
の増殖に有利になるので、
果実が酒ではなくツンとした
風味のピクルスになる。

パンチェッタ

保蔵処理の最初に
塩漬けにすることで
微生物をきっちり
防ぐことができ、肉が熟成し
乾燥する時間ができる。

塩漬けのイワシ

塩が身の水分を保持するので、
[オイル漬けのアンチョビとして]
缶詰にする際にも身が崩れない。

ミネラルは色を出す
COLORS

　光が屈折し方向を変えると、色が見える。光がきちんと屈折しさえすれば、色が作り出される。食べ物の場合、脂質や糖分、その他の成分の破片が色を作ることができるが、ミネラルのパレットにある色の幅も広い。

　食べ物によく見られる色の中には赤と緑があるが、どちらもミネラルが出せる色だ。

　鉄分とマグネシウムがそれぞれヘムとクロロフィルという2種類の色素分子の真ん中にある。ヘム（ヘモグロビンとミオグロビンに見られる）は肉に、クロロフィルは植物にある。これらの色素分子はソーラーパネルのような形をしていて、光で作用するよう精密に調整されている。ミネラルはその中心にあって、配列を固定し、すべてをまとめている。ミネラルが少しでも揺さぶられると、色素分子の形が変わり、そのため色も変わる。

　酸はクロロフィルからマグネシウムを追い出すことができ、それによってクロロフィルは茶色に変わる。これは時間をかけて起こることもある。サラダにドレッシングをかけるのが早すぎたときがそうだ。あるいは水道水を入れた鍋でブロッコリーを煮た場合は、水道水は多くの場所で酸性なので、この作用は速やかに起こるだろう［日本の水道水の基準値はpH5.8以上8.6以下と中性に近いため少し異なる］。

　調理手段からの酸だけが危険なのではない——植物の内部にも、調理中に動き回って混乱を引き起こす天然の酸がある。だから、重曹を加えると野菜が鮮やかな緑色になる——重曹は、鍋の中だろうがブロッコリー自体だろうが、そこに潜むあらゆる酸を中和するからだ。マグネシウムは熱されて活発になるとクロロフィルから抜け出やすくなるので、調理時間を最低限に抑えることで緑色が保てる。

　酸だけでなく加熱と組み合わせても赤身肉の色を変えることができるし、

ミネラルが
少しでも揺さぶられると、
色素分子の形が変わり、
そのため色も変わる。

こちらのほうがずっと変化の速度は速い。鉄分は周りの影響を受けやすいが、それだけでなく、鉄分の周りに作られる色素はたんぱく質からできており、たんぱく質はたんぱく質で繊細である（たんぱく質の章を参照）。だからマリネした肉は表面が茶色くなるし、火を通すと肉は赤から茶色へとだんだん色が変化していくのだ。

　鉄分は調理前でさえも、肉の色を決定している。鉄分は血中に存在して酸素を運ぶ輸送手段の役割をしており、この色素の色は酸素の量を示す信号のようなはたらきをする。プラスチックで包んだ肉や真空密閉パックにされた肉は冴えない灰色になることがある。肉を調理台に置いておくとバラ色に返り咲くのは空気中の酸素が理由だ。この効果をさらに強くするため、陳列ケースに酸素を充満させる肉屋もある。**肉や野菜の色の保持を専門とする業界もあり、そうしたテクニックのほとんどは、この原則を中心に展開している──つまり、色素の中のミネラルを、あるべき場所で落ち着かせておく、という原則だ。**

　ほかのものがすべてうまくいかなくても、新しいものを作ればいい。人工着色料はほかでもない、はじめにミネラルを産出した岩石から、インスピレーションを得ている。ほとんどの食用着色料の色素分子は、クロロフィルやヘモグロビンと同じ「ミネラル−ソーラーパネル」の形はしていない。石油精製所や植物、動物、微生物、そして土由来の分子だが、共通点はミネラルによる安定化である。

　多くの染料は反応性で、最初に接触したものを色とりどりに染めてしまう。そのため輸送が難しい。だから多くの染料はナトリウムやカルシウム、またはほかのミネラルと組み合わせることで、[こうしたミネラルに]染料をつかまえさせて反応性を下げている。ミネラルは色を発射する銃についた安全装置

人工着色料はほかでもない、
はじめにミネラルを産出した岩石から、
インスピレーションを得ている。

のようなはたらきができるのだ。キャンディーコーン［オレンジ・黄・白で着
色されたトウモロコシ粒の形の砂糖菓子］やアイスキャンディー、鮮やかな緑の
ミントチョコレートチップアイスクリームにその色を撃ち込む時が来れば、
製造者が一連の手順に従ってミネラルを溶かし、ミネラルが保護している色
のロックをはずす。

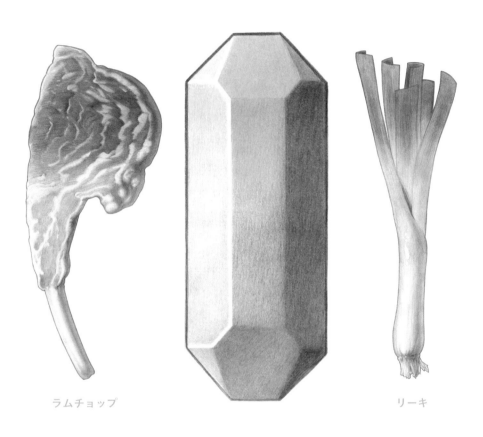

ラムチョップ

リーキ

ミネラルは色を出す

鉄分は肉の赤色の原因であり、マグネシウムは植物性
食品の緑色に不可欠である。

牛肉のブリスケット

マグロの赤身

ピンクソルト

鉄分は肉や未精製塩が
赤くなる原因である。

コラード*の葉

ミント

すべての植物性食品において、
クロロフィルを緑にするのに
マグネシウムがきわめて重大な
役割を果たす。

キュウリ

*アブラナ科の葉キャベツの一種

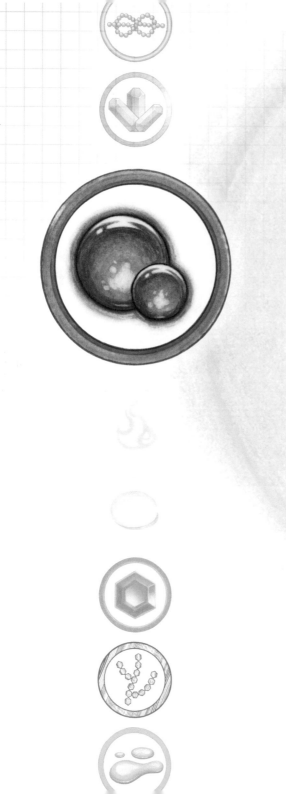

気体 GASES

気体（厳密には気化した水も含む）は成分の中で最も逃げやすい。俊足なので、気体を扱う際の最も重要なコツは、あちこちに気体を追い立てることである。気体を近づけないようにすることが、逃げないようにするのと同じくらい大事になるときもある。泡をかたまりのまま保つにせよ、アボカドを褐変させる酸素から守るにせよ、私たちが気体を利用する基本的な理由は以下の４つである。

・水と結びついて**溶解**する。
・**泡**を作る。
・**化学反応**を引き起こす。
・**膨張**し、**収縮**する。

気体は水と結びついて溶解する
DISSOLVING

　気体は水に溶けるが、そのときのルールがほかの成分とは異なる。気体は軽いので、気体の溶解は通常の成分のルーティンからははずれる。水は水分子を気体分子の取り巻きにさせてひとつひとつの気体分子を取り囲むことはできるが、しっかりつかまえておくのは難しい。気体を溶解するには、抜けてしまわないようにするためにいくつかのやり方を変える必要がある。

　気体は冷たい状態で溶けることを好む。ほかの成分はたいてい熱したほうが溶けやすいので、その反対である。固体や液体を溶かすときは、加熱することで水がより広い範囲を覆い、同じ数の水分子でも溶解したかけらをより多く保護することができる。だが、気体は熱が高くなると動きも速くなる。水の最高速度よりもずっと速い。熱くなると、気体は水の群れをたやすくすり抜ける。一方、温度を低く保てば、気体をその場にとどめておくことができる。ビールやソーダ、シャンパン、その他発泡性の飲み物を冷蔵するのはこれが理由である。

　気体はすばしこいので、温度に関係なく、いずれは逃げる。**気体をいつまでも溶けたままにしておくためには、圧力が必要だ。**気体は水から抜けるとどこかに行き先を求めるが、圧力を加えると、気体が広がるために必要な空間を奪うことになる。発泡性の飲み物やスプレータイプのホイップクリームなどが缶や瓶に入っているのは、缶や瓶に詰めるのが気体を逃げないようにとどめておける最も効果的な方法だからだ。缶や瓶は気体が動き回れるように設計されているが、それは私たちがそうさせたときだけのことだ。気体が舌の上でしゅわしゅわはじけるのは、容器を開けてからである。

　真空包装機を使ったことがある人なら、この概念を反対方向から見たはずだ。**圧力をかけると気体は押さえつけられて溶解するが、真空状態にすると溶液から抜けやすくなる。**常温のスープやソース、その他気体が溶けている

気体は軽いので、
気体の溶解は通常の成分の
ルーティンからははずれる。

ものはなんでも [この場合の「気体」とは水蒸気や二酸化炭素のこと。水の章も参照]、真空になって大気の圧力が吸い出されると沸騰し始めるように見える。常温であっても、[水蒸気や] 溶けた気体は溶液からぶくぶく泡になって逃げ出したくてうずうずしている。真空ポンプをオンにすると、溶けた気体を押さえつけている見えない大気の重さが取り除かれて、逃走の絶好の機会が訪れる。

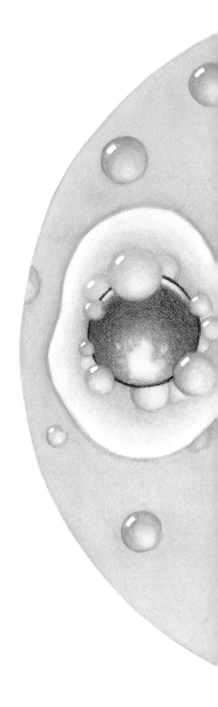

気体は水と結びついて溶解する

気体が溶解するときに従うルールは、ほかの成分とは異なり、加熱するとあまり溶けなくなる。溶けたままにしておくための最高のツールは圧力だ。

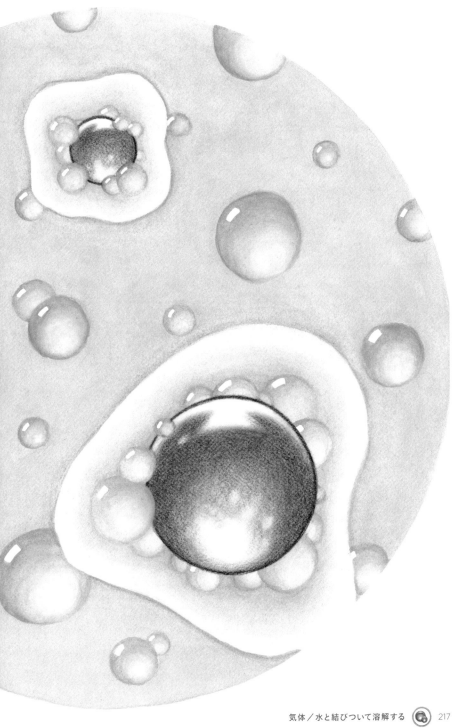

シャンパン

溶けた二酸化炭素で
これらの食品や飲料は
酸性で酸っぱくなる。
瓶、缶、発酵用の
壺の圧力が開放されると、
気体が逃げ出して
舌の上ではじける。

コーラ

キムチ

ホイップクリーム缶

（ホイップクリームが酸性で
発泡していたら変なので、
代わりに味のない
亜酸化窒素を使っている。）

気体は泡になる
BUBBLES

　気体が溶液から出てくるとき、泡になることがある。泡は食べ物の食感、見た目、味、香りに影響する——エマルションの気体版である。

　気体は、自分をつかまえている水の束縛をすり抜け、大気中へ飛び去って逃げる。水の中を上昇していく途中でほかの気体分子と出会い、泡を形成する。**泡ができるのが一番早いのは、気体が集まる場所があるときだ。**容器の不完全な部分や溶け残った固体のかけら、泡立て器の先端部分、時にはほかの泡の上に、泡ができる。最高のシャンパンフルートグラスにひとすじだけ泡がたちのぼるのはこのためで、内側は完璧になめらかになっていて、グラスの底に小さな傷が一か所だけつけられており、そこから泡ができるのだ。ひとたび泡ができてしまえば、泡を大きくするのは簡単だ。そこから熱を加えて、泡を膨張させ、最大限にふくらませればよい。スフレを作るために泡立てた卵白を切るように混ぜたり、パンをオーブンに入れる前にふくれさせたりするのは、そのため［熱を加える前の材料の中に泡を作っておくため］だ。

　水に溶けた気体の分子は液体にとろみをつける役には立たない。水は気体分子をたやすくよけることができるからだ。だが、泡は水の優れた障害物になる。**ほかの成分と同様に、泡も、均等に分散しているときのほうがとろみをつける力が強い。**ギネスビールの上に乗っているきめ細かい泡は、コーラの上にできる粗い泡よりも、かたまりになったとき濃厚になる。ホイップクリームサイフォン［エスプーマなど］はできるだけなめらかな口当たりを出すために小さな泡を作れるように設計されている。フリッターの衣の生地はかき混ぜることで揚げ物の衣をふわふわにできるだけでなく、泡で生地にとろみがつくので、生地がたねにからんで均等にまぶすことができるようになる。

　泡があると液体にはとろみがつくが、効果があるのは泡が長持ちする場合だけだ。**泡のかたまりは、気体の泡がほかの成分でできた網にひっかかった**

泡は食べ物の
食感、見た目、味、香りに影響する
──エマルションの気体版である。

ときにできる。こういうときの成分はだいたいたんぱく質や炭水化物で、網がブイにからむように気体の泡をつかまえる。糖類は網を形成することはできないものの、泡どうしのあいだの水分にとろみをつけ、泡が表面に浮かび上がってはじけにくくするので、泡のかたまりが長持ちするのに一役買っている。つかまった気体の泡のおかげで、ソースからパスタ用の湯まであらゆるものが、調理中に沸騰して吹きこぼれる──水が蒸発するにつれて、濃縮した成分がどんどん泡をつかまえていき、鍋いっぱいになるからだ。

　泡を保つコツとしてはほかにも、乳化剤としてはたらくのと同じ成分をいくつか利用するというものがある。**気体の泡は大部分がからっぽの空気で、水を嫌うものは、水に接するよりは、からっぽで何もないところのほうを選ぶことが多い。**このため、折り目の開いたたんぱく質や一部の脂質のような成分は泡の表面に集まって泡をコーティングする。これにより、小さい泡は互いにくっついて大きくなってどんどん流れていくことができなくなる。こうした乳化剤は、穀物や豆類や根菜から、肉や乳製品、卵まで、様々な食品に含まれている。

　泡は大部分がからっぽの空間で、からっぽの空間には色がない。植物はすべて、細胞のあいだの空間に天然の泡がある。青物野菜を湯通ししたり、スイカのような果物を真空処理するといった現代的なテクニックを利用したりすると、この空間から泡が抜ける。泡を除去すると、色の彩度を上げることになる。同じことが泡立った液体にも言える。チョコレートムースやサクランボのシャーベットが、原料であるチョコレートソースやチェリーシロップよりも色がはるかに明るいのはこれが理由である。

　からっぽの空間には、香りや味もない。泡があると風味が薄まるため、泡のかたまりは味気なくなりがちである。泡のかたまりのせいで風味が感じら

泡があると
風味が薄まるため、
泡のかたまりは
味気なくなりがちである。

れずもどかしくなる例を2つ挙げるとすれば、工場でかき回しすぎたアイス
クリームと、作り方を失敗した泡だらけのソースがある。反対に、きちんと
仕上げてあれば、泡のかたまりも素晴らしくおいしくなりうる。香りは泡が
はじけたとたんにほとばしり出るので、原料の液体が十分に濃縮されてさえ
いれば、泡のかたまりのある料理には繊細な食感に加えて風味でも、うなら
されることだろう。

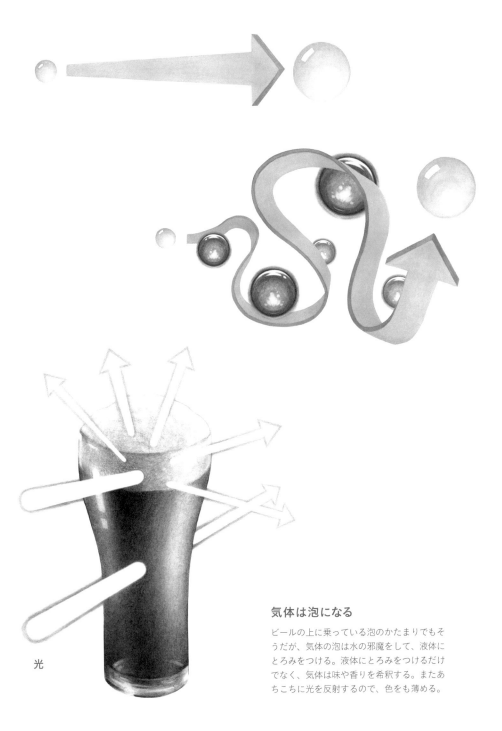

光

気体は泡になる

ビールの上に乗っている泡のかたまりでもそうだが、気体の泡は水の邪魔をして、液体にとろみをつける。液体にとろみをつけるだけでなく、気体は味や香りを希釈する。またあちこちに光を反射するので、色をも薄める。

マシュマロ

マシュマロはもとは黄色っぽい
透明なシュガーシロップだが、
小さな気泡を混ぜ込むことで
真っ白になる。

カルメ焼き

重曹が加熱されて発生した
二酸化炭素の泡が
カラメルの中に閉じ込められて、
ふわっと軽い食感を生む。

真空処理したスイカ

湯通しした芽キャベツ

真空ポンプでも加熱ででも、
泡が逃げられるようにすることで
食べ物から気泡を除去すると
色が濃くなる。

ラズベリーフォーム

チョコレートミルクフォーム

泡を加えることで
液体のとろみが増して贅沢になるが、
味のない空気が入ることで
味や香りや色を
希釈することにもなる。

気体は化学反応を引き起こす
CHEMICAL REACTIONS

気体はほかの成分よりも自由に動き回る。**あちこち放浪するならず者の集団のように、気体はどんな食べ物にも、予告なしに不意に襲いかかる。** 食べ物をこうした襲撃者から守ったり、またはその気まぐれにまかせたりして、私たちは気体を活用し、おいしい食べ物を手に入れている。

最大の元凶は酸素だ。ファンファーレもなく、ひっそりと食べ物に潜入し、その場を荒らし、そっと逃げうせる。酸素は暗殺者だ。酸素への反応の悪循環が無制限にほったらかされると、食べ物がだめになってしまう。**酸素は成分を分解してひどいにおいのするかけらにしたり、保存しておきたい香りをなくしたり、明るい色を鈍い色にしたり、酵素に燃料を提供してアボカドやジャガイモやアーティチョークやリンゴを茶色に変えたりできる。** しかし適切に管理すれば、この力を制御して、食べ物に嬉しい効果をもたらすこともできる。紅茶の茶葉はほとんどの場合揉みつぶしてから空気にさらして茶色くし、深い色を出してある。また、こうした反応の効果は、揚げ物の香りや、メロンのツンとした麝香の香り、鶏のコンフィや生ハムのような熟成させた脂の多い肉のおいしそうなにおいにも感じ取れる。

二酸化炭素は食べ物にもっと直接的な効果をもたらす——酸性にすることができるのだ。二酸化炭素は食べ物と接すると溶けてpHを下げる。炭酸飲料を飲んだときや、よく発酵したキムチを食べたとき、ポップロックス［口に入れるとパチパチとはじける粉状のキャンディー］を食べたときに経験するパチパチ感や酸っぱさの理由はこれである。

酸素と二酸化炭素の２つの気体は、生物が作り出す気体のうちでも最もありふれたもののうちに入るが、植物は互いにコミュニケーションをとるためにもうひとつ別の種類の気体を利用している。植物は話すことも動くこともできないので、エチレンのような、空気で運ばれるホルモンを使ってコミュ

二酸化炭素は
食べ物と接すると溶けて
pHを下げる。

ニケーションをとることが多い。こうした気体は「熟せ」とか「成長速度を
上げろ」といったメッセージを送る。キッチンでこうしたホルモンを扱うこ
とはあまりないが、食べ物を一緒に保管するときだけは別だ。リンゴやバナ
ナといった一部の果物はこうした信号を発しており、近くにあるものなら何
でもその信号を拾ってしまう可能性がある。この信号はほかの果物を、熟し
きっていない状態から完熟へ、そして熟しすぎて柔らかくなった状態へ、も
のの数時間で変えてしまうことができるので、野菜や果物を一緒においてお
くなら用心したほうがいい、つるんで悪だくみをしてしまうから。

　**気体の中には、厄介ごとを起こさないという理由で私たちが特に利用する
ものもたくさんある。**亜酸化窒素やアルゴン、ヘリウム、その他の不活性ガ
スだと、食べ物が変化してしまうことを心配せずに気体のほかの機能が利用
できる。ホイップクリームと窒素で仕上げた飲み物なら、二酸化炭素のパチ
パチした酸っぱさを感じることなく泡を楽しむことができる。ワインはボト
ルを開けると酸素で味が変わってしまうので、ワインの保管道具の多くは酸
素を抜いて不活性ガスに入れ替える。袋詰めのサラダは精密に調整された気
体と一緒に密閉されていて、ほうれん草やラディッキオ［イタリアのチコリの
一種］が代謝作用で変化して茶色の液だまりになるのを防止している。

気体は化学反応を引き起こす

酸素のような反応しやすい気体は、どこであっても
接した食べ物を変化させてしまう力を持っている。

ウニ

海産物の脂質は反応しやすく、
酸素にさらされるやいなや、
においの時限装置が作動しだす。

オリーブオイル

酸素にさらされると
繊細な油が酸敗し、
カビくさい段ボールのような
においを発する。

アーティチョーク

アーティチョークはきのこやアボカドと並び
褐変する酵素を持つ数多くの食べ物のひとつであり、
切ると酵素が解放されて、変色するのに
必要な酸素にさらされ、茶色に変わる。

ブドウ

ワインには亜硫酸塩のような
酸化防止剤が添加されており、
貯蔵中に酸化することを
防いでいる。

フライドポテト

揚げ物の香りは
酸素で分解される
脂質に由来する。

焼いた赤ピーマン

酸素が燃焼を
促進する。

気体は膨張し、収縮する
EXPANSION + CONTRACTION

　気体はキッチンにあるほかのどんな物質よりも激しく膨張し、収縮する。爆発しそうに膨張する気体は、食べ物の食感を変える強大な力になる。蒸気（気化した水）については水の章で話したが、どんな種類の気体でも、操作すれば奇跡のような結果を生むことができる。

　どんなものでも、加熱するとより流動的に動き回れるエネルギーを得るが、気体はほかのどの成分よりも強烈に反応する。気体は膨張してマシュマロやドーナツ、パンをふくらませる。また、トマトやピーマンの皮、ソーセージの皮、そら豆、ポップコーンの実をはじけさせる。食べ物を熱して気体を膨張させるときは、気体とほかの成分とのバランスをとる必要がある。生地をきちんとふくれさせてパンを焼くにはタイミングが適切でなければならない。パン生地の外側の皮が乾いて膨張できなくならないうちに、気体でパンだねがふくれてほしいからだ。ポムスフレ（ふくらんだポテトチップ）［低温の油で揚げたのち高温の油に移して水蒸気の力でふくらませたもの］ができるには、ジャガイモのスライスに、抜けていく気体をつかまえておけるだけの厚みがあり、かつ、その力でふくれることができるほど薄くなければならない。揚げ物の衣生地にアルコールを加えると、液体アルコールが揚げ物用鍋に入るやいなや気体になるため、空気のようにごく軽い食感が生まれる。

　圧力も一役買っている。最も有名な例は工場生産の白パンで、真空オーブンで作られている。真空オーブンは、少ない熱で最大限に膨張させることで、皮が少なく柔らかくしっとりしたパンを作れるように設計されている。パン生地の中に閉じ込められている小さな気泡を真空を使って膨張させているので、パンを発酵させるためのイーストも必要なくなった。生産を迅速化しコストを低減するための的確な戦略だったが、結果的に、発酵プロセスの副産物としてイーストが与えていた味や香りがなくなった製品ができてしまった。

気体はキッチンにある
ほかのどんな物質よりも
激しく膨張し、収縮する。

ポップロックス［口に入れるとパチパチとはじける粉状のキャンディー］も圧力を利用して作られている製品の例で、熱で溶かした砂糖に二酸化炭素を注入し、真空室に置いて作られている。気体が膨張するにつれて砂糖が硬くなり、圧縮された二酸化炭素の詰まったミニサイズの砂糖爆弾ができる。

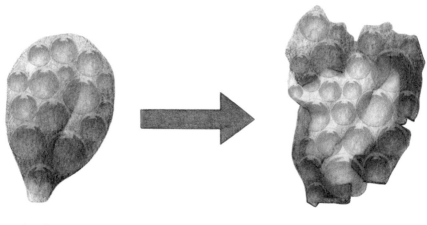

ポップコーン

気体は膨張し、収縮する

食べ物を熱すると、気体の泡が膨張し、しばしば数百倍の大きさになり、
これによって発酵したり、ふくれたり、爆発したりすることもある。

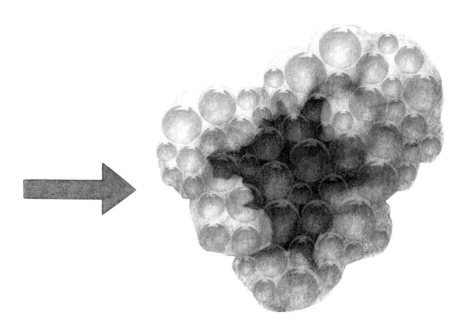

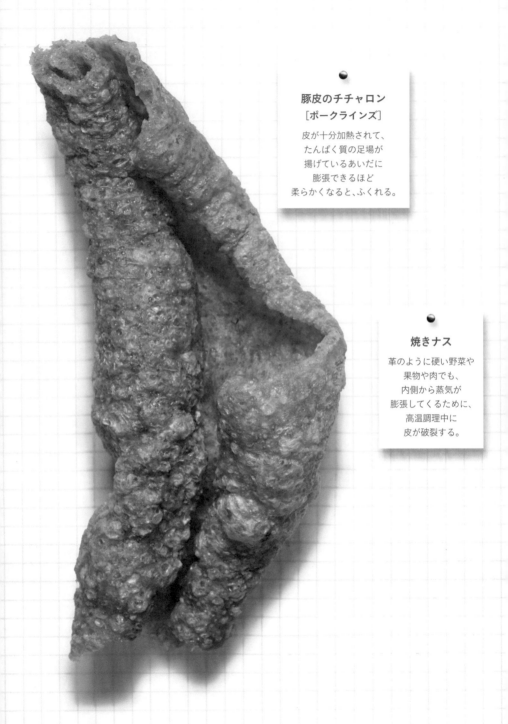

豚皮のチチャロン
[ポークラインズ]

皮が十分加熱されて、
たんぱく質の足場が
揚げているあいだに
膨張できるほど
柔らかくなると、ふくれる。

焼きナス

革のように硬い野菜や
果物や肉でも、
内側から蒸気が
膨張してくるために、
高温調理中に
皮が破裂する。

オイスタークラッカー*

クラッカーやピタパン、ポムスフレ、
その他ふくれている食べ物は、
炭水化物とたんぱく質に
気体を閉じ込められるだけの
厚さがなければならないが、
閉じ込められた気体が押し広げて
膨張することができないほど
厚みがあってもいけない。

＊牡蠣のシチューに添えられる
小さな丸い塩味のクラッカー。

ブロッコリーの
フリッター

衣をつけて揚げた食べ物は、
揚げ油の中で
衣の水分が蒸発し逃げて
大荒れになることから、
こういう形になる。

マカロン

ふくれた菓子の中の水分が
熱で膨張する。
その熱と膨張圧力がなくなった後は、
炭水化物とたんぱく質のゲルが
後を引き継ぎ、形を維持する。

熱　HEAT

熱はほかの成分のような物理的な分子ではなくエネルギーである。水がほかの成分が演じる劇場であるとすれば、熱はその出し物の指揮者であり演出家である。温度と時間の組み合わせを使って、本書に出てくるすべてのプロセスのテンポを決めている。抽象的な概念に思えるかもしれないが、熱は食べ物に対して2通りの影響を与えうる。

・**動きを速く**させる。
・**速く振動**させる。

熱は動きを速くさせる
MOVE

　成分がそっと動き、浮かび、ビュンビュン進み、転がっているところに、熱が後押しをする。熱があると成分は動きが速くなり、食感から風味の放出にいたるまで、あらゆるところに影響が出る。

　熱は固形の食べ物を柔らかくする。熱を加えてもほとんどの成分は構造をきっちり維持したままだが、つついたときに曲がったり動いたりしやすくなる。ナッツバター、クリームチーズ、チョコレートは塗り広げやすくなる。アイスクリームは柔らかく、すくいやすくなり、解凍した肉はスライスしやすくなる。かじったときに、成分がガラスのように砕けるのでなく、くねくねとのたうちまわるので、パリパリだった食べ物がゴムのようになる。ゆるくなったチーズは口の中でよりクリーミーに感じられるし、焼きすぎてぼそぼそするキッシュも、温めて出せばなめらかな舌触りになる。

　熱をコントロールすることで、「固体」のような静的な概念を、動的な変化の幅として捉えられるようになる。

　固形の食べ物を冷たくすると、食べ物を固定して、ものすごく薄くスライスしたり、大きなかたまりを挽いて細かい粉末や小さい顆粒にしたりできるようになる。冷やすと、よりカリカリサクサクになり、噛み砕くのにたくさん咀嚼しないといけなくなる。

　反対に、熱くすると、もっと簡単に塗り広げ、塗りつけ、曲げ、引っ張れるようになる。熱は自然な丸い形状を好むため、熱が入ると食材の端が柔らかくなり、食べ物が舌の上から移動しやすくなるので、食べ物を空気のように軽いと思わせる効果がある。

　熱は液状の食べ物の粘度を下げる。液体の雑踏の中にいる成分に、ほかの成分をかきわけて速く進むエネルギーを与える。糖蜜（モラセス）、蜂蜜、キャラメルのような、べたべたねばねばするものは、シロップ状になり注げるよ

うになる。ぎとぎとした脂は、ぬるぬるなめらかなバターソースやベーコンの肉汁に変わる。熱が加わると、水は、炭水化物やたんぱく質という障害物を避けて動きやすくなり、トマトソースやチーズフォンデュ、でんぷん質のマッシュポテトの粘度を下げる。

　熱が作り出す液体の食感には幅があるので、それで遊ぶこともできる。冷たい液体は、だまになったり、ゼラチン状になったり、べたべたになったり、ねばねばになったり、脂ぎったりする。熱が少なければ、ソースは冷たい皿にしっかりくっつくし、シロップは瓶の中から出てこないし、エマルションは最大限にクリーミーになれる。熱いほうの液体は、とろとろになる。熱は、なめらかで不純物がなく、べとべとねばねばしない、自由に流れる形や食感にしてくれる。

　気体は膨張し移動するスピードが速い。気体はただのからっぽの空間なので、私たちはその感触に幅があることにあまり気がつかないが、固体や液体に気体が影響したときには、その違いはわかる。

　熱い気体であるほど、膨張のしかたやふくらみ方が、より劇的になる。ふくれたシリアルやチップス、ポップコーン、クロワッサン、ピザ、グジェール［チーズを加えた塩味のシュー生地菓子］の食感は、膨張した気体のおかげで生まれている。

　熱はこうした物理的変化を引き起こし、味と香りを私たちの鼻と舌へと素早く運んでくれる。固体や液体は、溶けた甘味、酸味、苦味、塩味、うま味の要素をとどめておく力が比較的弱い。そこに熱のはたらきが加わることで味蕾に滑り落ちたときにこれらの味の存在を知らしめやすくなるのだ。また、熱は気体状の香りを鼻へ素早く伝わらせる。つまり、熱い食べ物のほうが香りを失うのも早いということだ。

成分の混合物を
まんべんなく混ざったままに
しておくためには、
熱に頼るところが大きい。

　ただし、ひとつ大事な点がある。においというのは誘導爆弾とは違うということだ。においのほうでは鼻がどこにあるかなどどうでもよいので、あなたがその場にいなければ空中に漂い去っていってしまう。加圧調理という発想の陰にはそういうわけもある。どんな食べ物でも、いちばん熱いときに容器に密閉しておき、食べ物が冷めて香りが逃げにくくなってから容器を開ける。私たちがコールドブリュー［低温抽出］のコーヒーやその他の飲み物にこだわるのも、食べ物を熱に決してさらさないことで、香りを逃がさず、よりかぐわしい製品を作り出すことができる、と理解しているからだ。その一方で、熱はコーヒー豆や茶葉、その他最初の手順で液体に浸すものから香りを引き出す際にも役に立つ。においをかいだ上で逃がしてしまうのがよいか？　それともまったくにおいがかげないままのほうがよいか？　すべてはバランスの問題である。
　成分の混合物をまんべんなく混ざったままにしておくためには、熱に頼るところが大きい。糖、ミネラル、その他水を好む成分は、熱があるほうがよく溶けるが、これは水がエネルギーを余分に得るとより効果的に成分の周りを動き回れるからだ。
　反対に、エマルションや泡のかたまりのような壊れやすい混合物は、熱があると維持するのが難しい。これらの混合物では、脂質や気体が意に反して水と接触させられており、逃げ道を探して素早く動くためのエネルギーを熱が与えてしまうからだ。だから、熱い泡のかたまりやエマルションというのは、私たちがキッチンで行うことの中でも最も見事で、自然に逆らう技なのだ。
　こうした傾向は口にするあらゆる食べ物に当てはまる。「熱は動きを速くする」というのは宇宙の最も根本的な法則に数えられる。それ以外で食べ物の熱を扱う際に考慮しないといけないのは、速く動くのに加えて、熱は成分

振動さえなければ、
食べ物の成分を変化させずに
何度でも加熱と冷却ができるはずだ。

の振動を速くする、ということだ。振動さえなければ、食べ物の成分を変化
させずに何度でも加熱と冷却ができるはずだ。

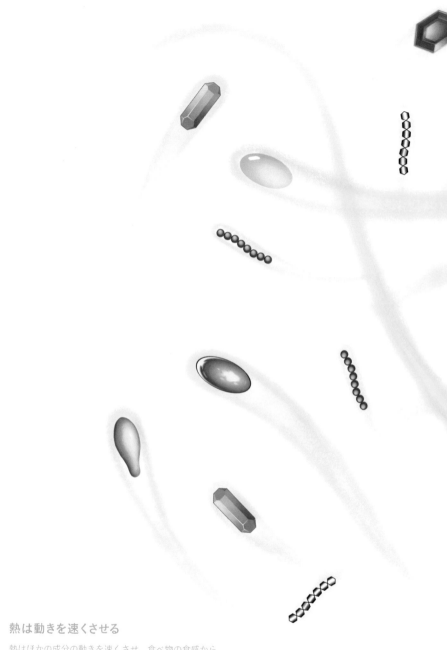

熱は動きを速くさせる

熱はほかの成分の動きを速くさせ、食べ物の食感から
香りの鼻への届き方まで、あらゆるものを変化させる。

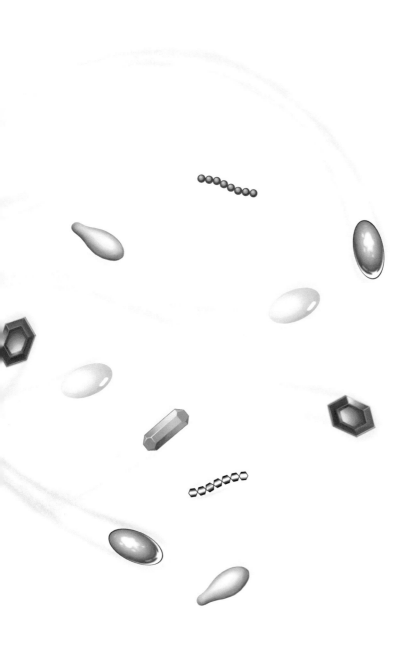

チーズピザ

熱で水分が蒸気に変わり、
チーズが柔らかくなることで
ピザの上に気泡ができる。

コールドブリューコーヒー

コーヒー豆を浸しておく際の
温度を変えることで、
水の中に浸み出る分子の
混合物が変化し、
それによって風味が変わる。

トースト用のチョコレート
ヘーゼルナッツスプレッド

何かを塗り広げられるということは、
熱のバランスをとって
塗り広げられるようにしつつ、
熱を加えすぎて
形が完全に崩れあちこちに
流れていったりはしないようにする、
ということだ。

アイスクリーム

レストランの
腕のいいデザート担当は、
容器の中のアイスクリームを、
冷やしすぎて
すくえないようにもせず、
溶けすぎて
形を保てないようにも
しないように
上手に管理できる。

トマトパウダー

ドライトマトは革のように硬いが、
ほかのものと混ぜ合わせることで
ペーストに変わる。
また、冷やすともろく砕けやすくなるので
挽いて粉末にすることができる。

熱は速く振動させる
VIBRATE

　熱は成分を振動させる。エネルギーが充満して、振動する成分は変化しやすくなる。形を変え、くっついてまとまり、崩れ、時にはただ爆発する。

　食べ物の中のおいしい部分にはひ弱なものもあり、熱はその存在を消し去ってしまうことができる。生のバジルやカンタロープメロン、ジャスミン、イチゴの繊細な香りは、ちょっと熱の話を聞いただけでも死んでしまう。カラフルな色素は熱で分解してしまうので、「レインボーシチュー」というものはありえない。たんぱく質のような成分は折り目が開いて激しく動き回り、互いにくっついて新しい構造を形成するので、食感も変わる。前節で、熱がほかの成分の動きを速くし、そのため通常食べ物はゆるくなりやすくなるという話をしたが、熱で新しい構造が大きい障害物を作り出して食べ物にとろみがつく場合もある。**味はたいてい香りや色よりも頑丈なので、しっかり加熱した後でも変わらずに残っているのは味だけということも多い。**そのよい例が缶詰のスープで、多くは缶詰にする過程で強く熱することで香りが失われる埋め合わせのために、塩、砂糖、うま味成分がどっさり入れられている。しかし、熱が十分に入れば、味ですら変化する。甘いものが酸っぱく苦くなったり、苦いものが分解して風味がよくなったりといった変化だ。

　灰の中から、時として新しいおいしさが生まれる。**熱は導火線に火をつけて、糖類やたんぱく質を爆発させ、メイラード褐変反応やカラメル化を引き起こす。**トマトペーストやイチゴジャムの濃く深みのある風味は生のトマトやイチゴとは快い対比をなす。

　また、熱は酵素をコントロールする。酵素と、酵素を作り出す微生物は、熱があるとどんどん速くはたらき、ついには、ばらばらになる。熱は、酵素や微生物にエネルギーをどんどん与え、どんどん速く、そして熱心にはたらかせ、ついにはオーバーヒートさせてしまう。熱への露出という丘を登ってい

エネルギーが充満して、
振動する成分は
変化しやすくなる。

くと、狭い頂上に至福を感じられる地点があって、そこから先に進むと運命の反対側へ落ちていく ―― この表現がいちばんうまく熱を説明している。**しっかり熱しないと非効率的にしかはたらかないし、熱しすぎると焦げてしまう。**

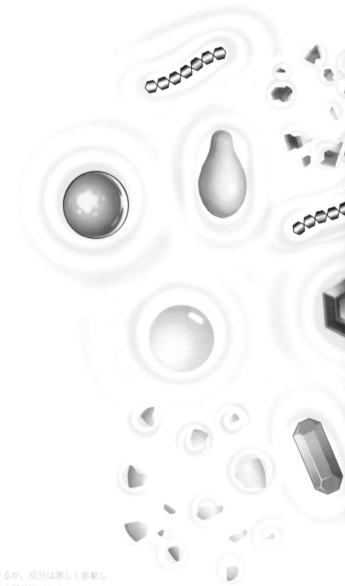

熱は速く振動させる

熱はほかの成分を振動させるが、成分は激しく振動し
すぎると分解し変形し始める可能性がある。

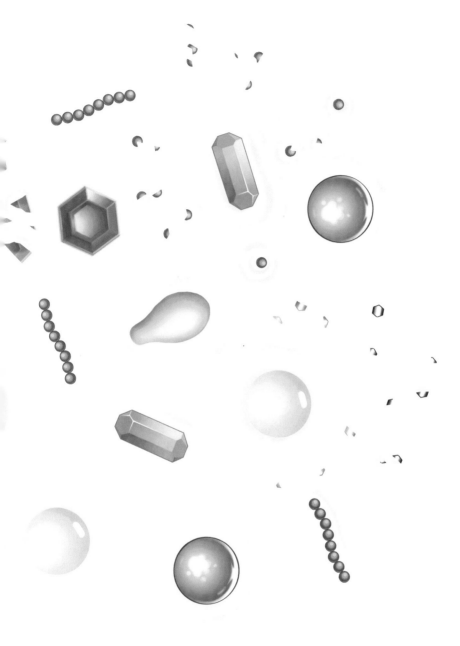

クレームブリュレ

ガスバーナーの高熱をあてることで
クレームブリュレの表面を
素早くパリパリのきつね色にしつつ、
下のカスタードに
火が入りすぎないようにできる。

トマト

—

パクチー

青物野菜や花、果物の香りは、
食べ物を熱したとき、
真っ先に消える香りである。
トマトはよりまろやかで
深みのある風味を帯びるが、
パクチーには何も残らない。

缶詰スープ

缶詰工場の強烈な熱で、
微生物が持つ、生きていくために
必要なたんぱく質が壊される。
残念ながら、その熱が
味や香りも分解させてしまう。

カラメル化したタマネギ

スクランブルエッグ

低温で長時間加熱すると、
高温で短時間加熱した場合とは
まったく違う結果が生まれることを示す
典型的な2つの例がタマネギと卵である。
大事なのは食べ物に入る熱の総量ではなく、
熱を時間経過の中でどう配分するかだ。

これからのパントリー
THE NEW PANTRY

　ここまで食べ物のはたらきを見てきたので、これからは朝食で、行きつけのレストランで、ポテトチップスの袋の中で、料理番組で、あらゆるところで、食べ物をあやつっている糸に気がつくことだろう。自分でこの糸を引っ張り始めるには、頭の中のパントリーを新しいやり方で整理するのがいちばん簡単だ。料理に使う食材を、ある料理のためにはその中に含まれるどの成分がいちばん大事なのかという観点で考えるところから始めてみよう。ショートリブのグレーズがけを作ろうとしているなら、ソースが肉にまとわりつくくらいとろみを出せなければいけない、じゃあそのための炭水化物やたんぱく質は何に含まれるか？　ビスケットがオーブンの中できつね色になってほしいなら、糖類とたんぱく質を含むものを塗る必要があるが、どんな選択肢があるだろう？　本項にはその第一歩として、各成分を含む代表的な食材のリストを載せた。網羅的なリストではなく、むしろ定番のラインナップである。ここから始めて、この新しいものの見かたに慣れていけば、自分の新しいパントリーに追加したいものがもっとたくさん見つかるだろう。

　以下のリストには、それぞれの成分を「たくさん」あるいは「少しだけ」含む食品を挙げている。**食べ物は生き物からできており、生き物は生きるために8つすべての成分を必要としているので、口にするすべてのものには少なくとも7つの物理的な成分すべての分子少々と、少しの熱が含まれる。**このリストは、料理の仕上がりにそれとわかるほどの違いを生むだけの成分を含んでいる食材に絞っている。

水

液体を薄める、ほかのものを溶かす、液滴が動ける隙間を作ることでエマルションを安定させる、pHを利用して食べ物を酸性あるいは塩基性にする、凍ったり結晶化したりすることで食べ物を硬くする、蒸気に変わることで膨張させる、といったことに役立つ。

たくさん：野菜、果物、肉、シーフード、卵、ハーブ、きのこ、酢、ワイン、ビール、ジュース、ソーダ、牛乳、調味料（醤油、魚醤、ケチャップなど）、ストック／ブロス、フレッシュチーズ

少しだけ：熟成チーズ、シロップ（蜂蜜、メープルシロップなど）、濃厚なエマルション（バター、マヨネーズ、クリームなど）、干し肉、ドライフルーツ、干し野菜

糖類

甘味をつける、液体にほんの少しとろみをつけ、あるいはべたつかせる、水分を取り除くとパリパリのガラス状態になる、微生物が発酵を行うための食料を与える、熱すると褐変する、冷凍食品の中で水分が粗い氷の結晶になるのを防ぐ、調理済みの食品から水分が蒸発するのを防ぐ、といったことに役立つ。

たくさん：	グラニュー糖、シロップ（蜂蜜、メープルシロップ、アガ
	ベシロップなど）、ジャムや砂糖煮、ソーダ、甘口ワイン、
	果物、ビーツ、サツマイモ、スイートコーン
少しだけ：	その他の野菜、乳製品、肉、きのこ、シーフード、穀物、
	豆類、ビール、ワイン、酢、パン、卵、ナッツ、コーヒー

炭水化物

液体のとろみを強める、水分を取り除くとパリパリのガラス状態に
なる、混合物をとらえる、ゲルを作り出す、エマルションや泡のか
たまりを安定させる、後に分解される可能性のある糖類の貯蔵庫の
はたらきをする、といったことに役立つ。

たくさん：穀物、豆類、ナッツ、種子、根菜、パン、果物、海草
少しだけ：葉物野菜、ハーブ、香辛料、きのこ

脂質

食べ物の香りや色を蓄える、エマルションになる液滴を提供する、
時にはエマルションを維持するため乳化剤としてはたらく、熱の伝
導を助ける、液状のときにはクリーミーな食感を出し、固形状のと
きにはしっかりした食感を出す、分解して風味のよいかけらになる
ことで香りを生み出す、たんぱく質や炭水化物のような水を好むも

のを引き離しておいて柔らかいバッター生地やパン生地を作る、と
いったことに役立つ。

たくさん：油、脂、肉、乳製品、ナッツ、アボカド、濃厚なエマル
ション、チョコレート、シーフード
少しだけ：香辛料、果物、野菜、ハーブ、穀粉、種子、穀物、豆類

 ## たんぱく質

液体に強いとろみをつける、水分を取り除くとパリパリのガラス状
態になる、エマルションや泡のかたまりを安定させ乳化させる、ゲ
ルを形成したり、何かをくっつけてまとめる、きつね色に変化させ
る、味や香りをとらえる、といったことに役立つ。

たくさん：肉、シーフード、豆類、乳製品、ナッツ、卵、種子、穀
物、小麦粉
少しだけ：果物、野菜、香辛料、ハーブ、きのこ

 ミネラル

しょっぱくする、水分を微生物から遠ざける、冷凍食品の中で水分
が粗い氷の結晶になるのを防ぐ、調理済みの食品から水分が蒸発す
るのを防ぐ、炭水化物やたんぱく質のような大きな成分がつながっ

てゲルを形成するのを助ける、食べ物に色をつける、といったことに役立つ。

たくさん： 塩、熟成チーズ、セロリ、貝や甲殻類、発酵した大豆製品、豆腐、ピクルス、ケイパー
少しだけ： 野菜、果物、肉、チョコレート、乳製品

 気体

泡で液体にとろみをつける、膨張して食べ物をふくれさせる、食べ物に化学反応を起こさせる、といったことに役立つ。

たくさん： 発泡性飲料、ドライアイス、発酵食品、イースト
少しだけ： 果物、野菜、香辛料

 熱

食べ物を曲げやすく、薄く、自由に動き回るようにする、プロセスのスピードを上げる、大量に使用すると酵素や微生物を殺す、といったことに役立つ。本書は、熱が食べ物に対して果たす基本的な役割に焦点を当てている。食べ物に熱を入れる具体的なテクニックや器具については素晴らしい本がほかに数多く書かれているからだ。

本書は、世界中のキッチンで作られ食べられている料理の広大な宇宙の背後で作用している、ひと握りのシンプルなパターンを目にしてもらうことを意図して制作された。8つの成分はどれも、それらが構成している何千もの食材に比べればシンプルなものではあるが、それでも本書には多くの概念が出てくるので、覚えておくのが大変に思えるかもしれない。——私は歴史がまったく得意ではなかった。ランダムな事実がわんさか出てきてつかみどころがないようにいつも感じていた。もしもヴァスコ・ダ・ガマを、単なるポルトガル人の名前と、1500年代の日付と、箇条書きにされた些末な事実でなく、夢と希望を抱いた一人の人間として教わることができていたなら、彼が重要であるわけを覚えるのも、きっともっと楽だっただろう。

　こういう情報が頭に残るようにするには、それぞれの成分の特徴に焦点をあてるのが最も簡単なやり方である。8つの成分はそれぞれに特色あるスタイルを持っており、どんな料理についても、共演する俳優たちの一団のようにして物語を語ってくれる。たんぱく質は不安定で、精力的で、気難しい。熱やpHの変化、ミネラルや糖の追加、それから泡立てたり、挽いたり、混ぜたりといった物理的な酷使など、どんなストレスでも、落ち着きを失い、形を変えてしまう。この一団にいるもう一人の気性の激しい主役が脂質だ。こちらのほうが熱には耐えられるが、脂質は脂質で光や酸素に過敏であり、これらにあたると崩壊してしまう。糖類はもっと頑丈で予測しやすい。変化するときには、食べ物を褐変させる。たんぱく質が動揺すると構ってもらおうとしてインパクトのある食感になったり、脂質が劣化すると香りで主張したりするのとは違い、豊かな深みのある風味で背景を支える。ミネラルはさらに安定している。分解しないし、飛び去ることもできない——置かれた場所に留まるだけだ。ミネラルはもといた場所である岩石と同じくらいがっしりしている。気体はミネラルの対極にある。繊細できわめて軽く、常に私たちの

もとからどうにか逃げ出そうとしていて、状況が少しでも変化すると流れ漂っていってしまう。最もつまらない成分はおそらく炭水化物だ。たんぱく質のように精力的で不安定であるわけでもなく、構造と土台を提供している。炭水化物ができることの中で一番わくわくすることといったら分解して糖類になることくらいだ。水は舞台であり、これらの演者全員が演じる劇場である。水に何らかの変化があれば必然的にキャスト全員に影響する。熱は指揮者兼演出家だ──私たちからは見えないが、公演のペースとエネルギーを御している。

　料理というのは複雑かつ個人的な営みだ。誰にでも、異なるスタイル、能力、資源、関心、伝統があって、作りたい料理にはそれらが影響している。8つの成分の特徴を知っておくことが、食べたい料理を作る自信をもっと身につけるための鍵だ。当てずっぽうやまじないを脇によけておくことで、料理の出来に気をもむのでなく、料理を味わうことにもっと時間を使えるようになる。創造力の枷を外して新しく面白いアイデアを考えたいとか、レシピ通りに作って、レシピの写真並みにおいしくしたいという望みはすべて、これらの成分があってこそ実現できることだ。どんな物語であっても、どういう風に物語を語りたいにしても、登場人物たちはあなたのためにそれを演じる準備ができている。

　それでは、楽しいお料理を。

謝辞

制作・実施
Pilot R+Dのメンバー
- デーナ・ペック
- ダン・フェルダー
- カイル・カナートン
- ジョージ・ヴォルコマー

コンセプトデザイン
ケルシー・ウッド
コナー・ウッド
コリー・マーフィー
イーサン・ハート
ピーター・ウィン

調理指導
ショーン・マガーヒー

編集
ルイーズ・ブザーリ
エリザベス・アルダーファー

エキスパートレビュー
ガイ・クロスビー
ジェフ・ポッター
クリストファー・ロス

写真
ジェイソン・ジャークス

イラスト
ジェフ・デリエ

　本書の制作に直接手を貸してくれた人たち全員に加えて、コラボレーションしてくれたことで食べ物についての思考を発展させてくれた素晴らしいシェフたち全員にも感謝を伝えたい。トーマス・ケラー、コリー・リー、ブランドン・ロジャーズ、コートニー・バーンズ、ニック・バラ、マシュー・アカリーノ、ダニエル・ハム、クリストファー・コストウ、スチュアート・ブリオザ、ニコール・クラシンスキ、マキシム・ビレット、ジョン・シールズ、デイヴ・ベラン、デヴィン・ネル、ブライス・シューマン、エイマン・ロッキー、デイヴィッド・ネイフェルド、ケヴィン・ファーリー、アレックス・ハズヴェン、ワイリー・デュフレーヌ、ポール・リーブラント、グーナー・カール・ギースラソン、ジャニーン・ヴァイスマン、チャド・ロバートソン、アーロン・コズバ、ティム・ベンダー、フィル・テシェール、そしてフランシスコ・ミゴヤに。

　大学教育を授けてくれたハロルド・マギーに（私は『マギー　キッチンサイエンス　食材から食卓まで』[邦訳版は香西みどり監訳、北山薫・北山雅彦訳、共立出版、2008年]を隅々まで読破したことで、4年間食品科学を学ぶよりもずっと多く生物化学専攻の知識を得た）。

　この本を書くべきだと私に信じさせてくれたフランシス・ラムと、ほかの人たちに信じさせてくれたジョーナ・シュトラウスに。

　私に質問のしかたを教え、マッシュポテトに関する博士号に取り組ませてくれたダイアン・バレット、タイラー・サイモンズ、そしてカリフォルニア大学デイヴィス校食品科学専攻に。

　デザイナー、ミュージシャン、プログラマー、アーティスト、俳優、科学者、料理人でいてくれて、3通りの考え方をするほうが1通りよりもよいということを示してくれる友人たちに。

　食べることが大好きな私のテキサス・イラン系家族にも感謝を、そして幸福な記憶すべてに食べ物を焼きつけてくれた妹のメリに、特別にハイファイブを。

［著者紹介］

アリ・ブザーリ
ALI BOUZARI

料理科学者、作家、教育者であり、カリフォルニア北部に拠点を置く料理研究
開発企業Pilot R+Dの共同設立者。食品生化学の博士号を持つシェフとして、ア
イビーリーグからカリナリー・インスティテュート・オブ・アメリカまでトッ
プクラスの大学で教鞭をとり、カリキュラムを開発。そのかたわらでトーマ
ス・ケラー・レストラン・グループなどの全米有数の革新的レストランとコラ
ボレーションするなど、料理の捉え方を変える流れを牽引してきた。本書の原
著は国際料理専門家協会 (IACP) ベストブック賞の参考図書部門賞を受賞した
(2017年度)。

［日本語版監修者紹介］

川崎寛也（かわさき・ひろや）

調理科学者、感覚科学者。京都大学大学院農学研究科博士後期課程修了、博
士（農学）。味の素（株）食品研究所エグゼクティブスペシャリスト。特定非
営利活動法人 日本料理アカデミー理事。研究分野は、おいしさの科学、プロ
の調理技術の解明、食の体験と心理的価値の関連解明など。おもな執筆書に
『味・香り「こつ」の科学』『おいしさをデザインする』『だしの研究』『料理の
アイデアと考え方』『料理のアイデアと考え方２』(以上、柴田書店)、『日本料
理大全 だしとうま味、調味料』(共著、特定非営利活動法人日本料理アカデ
ミー)、『料理すること その変容と社会性』(共著、ドメス出版) ほか。

［訳者紹介］

廣幡晴菜（ひろはた・はるな）

英語翻訳者。東京大学大学院総合文化研究科博士課程満期退学。訳書にアン
ナ・ファイフィールド『金正恩の実像 世界を翻弄する独裁者』(共訳、扶桑社)、
スーザン・ジャングほか『シグネチャー・ディッシュ 食を変えた240皿』(共
訳、KADOKAWA) など。

アートディレクション	DTP
細山田光宣	菊地和幸
デザイン	制作協力
能城成美（細山田デザイン事務所）	古谷香奈

INGREDIENT
by Ali Bouzari
Copyright © 2016 by Ali Bouzari
First published 2023 in Japan by Rakkousha, Inc.
Japanese translation published by arrangement with Ali Bouzari
c/o Straus Literary through The English Agency(Japan) Ltd.

おいしさをつくる 8つの「成分」
理想の料理を作るための調理科学の教科書

2023年4月30日　第1刷

著者
アリ・ブザーリ

日本語版監修者
川崎寛也

訳者
廣幡晴菜

発行所
株式会社楽工社
〒190-0011　東京都立川市高松町3-13-22春城ビル2F
TEL：042-521-6803　www.rakkousha.co.jp

印刷・製本
大日本印刷株式会社

ISBN　978-4-903063-98-0
本書の一部あるいは全部を無断で複写複製することは、
法律で認められた場合を除き、著作権の侵害となります。